3T-System

Amin Tirmizi

3T-System
Professionelles Trading

Bibliografische Information der Deutschen Nationalbibliothek:
Die Deutsche Nationalbibliothek verzeichnet diese Publikation in der Deutschen Nationalbiografie; detaillierte bibliografische Daten sind im Internet über http://dnb.dnb.de abrufbar.

Vierte überarbeitete Auflage, Januar 2017

Herstellung und Verlag: BoD - Books on Demand, Norderstedt

Lektorat: Björn Buxbaum-Conradi

ISBN: 9783738610734

Den Autor erreichen Sie unter: info@3t-system.de

Dieses Buch stellt keine spezifische Anlageempfehlung dar. Der Handel mit Wertpapieren und Hebelprodukten ist mit hohen Risiken verbunden, die bis über den Totalverlust des eingesetzten Kapitals hinausgehen können. Der Autor, der Verlag und die in dem Buch zitierten Quellen haften nicht für mögliche Verluste, die aufgrund der Umsetzung des in diesem Buch vermittelten Gedankenguts entstehen. Die visualisierten Charts sind lediglich Mustercharts und stellen keine reellen Kursbewegungen dar. Es wird darauf hingewiesen, dass der Begriff DAX ® eine geschützte Marke der Gruppe Deutsche Börse ist.

Vorwort

Sehr geehrte Leserinnen und Leser,

in diesem Buch geht es um meinen Weg an die Börse und die Erfahrungen, die ich über die Jahre an den Kapitalmärkten gesammelt habe, bis hin zur bewährtesten Handelsstrategie, die im Börsenhandel existiert: die klassische Dow-Theorie nach Charles Dow. Seit zehn Jahren gibt es immer mehr private Anleger, die versuchen, ihr hart verdientes Geld an den Kapitalmärkten zu vermehren – eine Möglichkeit, die früher nur dem elitären Kreis der institutionellen Händler vorbehalten war. Die breite Masse der privaten Händler, genau genommen 95 Prozent, scheitert jedoch aus verschiedensten Gründen, die in diesem Buch erläutert werden. In den folgenden Kapiteln wird auf essentielle Regeln, Risiko- und Money-Management sowie auf die Suche nach dem Vorteil im Markt eingegangen, ohne den es nicht möglich ist, dauerhaft profitabel zu handeln.

Über den Autor

Amin Tirmizi ist ein privater Börsenhändler und Immobilien-investor, der seine ersten Erfahrungen an den Kapitalmärkten bereits im Alter von 18 Jahren gemacht hat. Im Jahr 2003 machte er sein Fachabitur in Kassel in Verbindung mit einer Berufsausbildung im Bereich Wirtschaftsinformatik. In den Jahren 2005 bis 2007 absolvierte er zusätzlich eine Ausbildung zum Bürokaufmann, bevor er 2008 ein Wirtschaftsstudium begann. Im Jahr 2013 Erwarb er zudem einen IHK-Abschluss im Bereich Personalmanagement.

Amin Tirmizi wurde von verschiedenen namhaften Profihänd-lern ausgebildet und schaffte es über die Zeit, dauerhaft profi-tabel zu handeln.

Inhaltsverzeichnis

Über mich   10

Kapitel 1 – Grundgedanken

Die Null (Spielbankzeit)   16

Meine ersten Trades   21

Die Firma (Trading als Unternehmen)   24

Der Dispositionseffekt   27

Chance und Risiko   29

Der Vorteil (Die Null im Casino)   32

Kapitel 2 – Strategien

Steigende und fallende Kerzen   36

Absolute und relative Hoch- und Tiefpunkte   37

Orderarten   39

Trendfolgestrategie   41

Handel aus der Korrektur   46

Handel des Ausbruchs   48

Der Einstieg   50

Umkehr der Nachfrage   53

Risiko und Stopp   56

Zielbestimmung   59

Der Scaleout   61

Return to open Strategie   62

Kapitel 3 – Handelswissen

Tradingplan   66

Doppelt klug   67

Das fallende Messer   70

Aggressiv und defensiv   72

Der Drawdown   74

Der Weg ist das Ziel …   75

KISS (keep it super simple) 77

Wer ist die Nummer 1? 78

Tradingjournal 79

Positionsgrößerechner (Risiko Manager) 80

Muster-Tradingplan 81

Mustercharts 83

Die Klasse der Meister 91

Risiko im Markt oder im Geld 93

Wirtschaftsdaten 94

Wichtige Regeln 95

Finanzielle Unabhängigkeit 98

Vier Phasen eines Traders 99

And last but not least 101

Tradingbegriffe 102

Interview mit dem Autor 105

Über mich

Mein Name ist Amin Tirmizi. Ich wurde 1982 in Kassel geboren. Da meine Eltern beide berufstätig waren, wuchs ich bei meinem Großvater Josef, einem Banker, auf. Was es mit diesem Beruf auf sich hatte, wusste ich damals noch nicht, außer dass es irgendwas mit Geld zu tun haben musste. Geld spielte für mich schon früh eine Rolle, da ich wusste, dass man es braucht, um sich schöne Dinge zu kaufen. Mein Onkel war ebenfalls Banker, was er auch meinem Großvater zu verdanken hatte. Im Alter von fünf Jahren war es soweit. Mein Großvater nahm mich auf die Betriebsfeier seiner Bank mit, was eine hohe Begeisterung in mir erweckte. Es war nicht das reichhaltige Buffet, was mich neugierig machte, oder die schönen Autos, die auf dem Parkplatz standen, sondern vielmehr die stolzen Menschen und die schicken Anzüge. Alle sahen zufrieden und glücklich aus und man konnte, auch ich als kleiner Junge, erkennen, dass es diesen Menschen gut ging. Somit fällte ich relativ früh die Entscheidung, dass ich als Erwachsener auch etwas mit Geld zu tun haben wollte.

Da mein Großvater mein Vorbild war, versuchte ich von nun an zu verstehen, wie er mit Geld umging. Ich merkte, dass wann immer er Geld ausgab, er sich länger damit beschäftigt hatte. Er konnte so eine Menge einsparen. Ich wusste, dass er genug Geld hatte, aber fragte mich dennoch immer, wieso er sich jede noch so kleine Ausgabe notierte. Als ich ihn einmal darauf ansprach, antwortete er mir: „Mein Junge, wenn du eine Schaufel nimmst und immer eine kleine Schippe Sand auf einen Haufen schüttest, hast du irgendwann einen großen Berg."

Von nun an versuchte ich, auch auf diese Dinge zu achten. Wann immer mein Großvater mir etwas Taschengeld gab, damit ich mir am Kiosk etwas kaufen konnte, versuchte ich einen Teil davon zu sparen, um mir ein eigenes Vermögen aufzubauen. Dies tat ich Stück für Stück und merkte wie nach einigen Jahren aus den kleinen Beträgen eine beachtliche Summe Geld wurde. Dadurch hatte ich im Alter von 18 Jahren die Hälfte für meine erste Eigentumswohnung zusammen. Die andere Hälfte gab mir mein Großvater. Viele mögen jetzt denken, dass die Wohnung Unsummen an Geld gekostet hat, aber das hat sie nicht. Es waren genau genommen 30.000 DM. Somit hatte ich meinen ersten finanziellen Vorteil gegenüber anderen, da ich lediglich Nebenkosten zu zahlen hatte und keine teure Miete. Das Geld, das ich aus der ersparten Miete übrig hatte, legte ich stets auf mein Tagesgeldkonto, um es für mich arbeiten zu lassen. Es gab nicht viele Alternativen, um sein Geld wirkungsvoll und effizient zu vermehren, deswegen fing ich an, mich Stück für Stück mit den Finanzmärkten zu beschäftigen. Zu diesem Zeitpunkt hatte ich keinerlei Ahnung, wie die Märkte funktionieren und wie sich die Preise der einzelnen Werte bilden. Die einzige Regel, die ich bis dahin kannte, war günstig einkaufen und teuer verkaufen und so ging eine ganze Zeit ins Land.

Im Alter von 20 Jahren erfuhr ich den größten Rückschlag in meinem Leben. Mein Großvater starb im Alter von 78 Jahren. Derjenige, der mir sämtliche Tugenden und Weisheiten vermittelt hatte, war auf einmal nicht mehr da und ich stand plötzlich ganz alleine da. Er hinterließ mir einen Teil seines Vermögens, unter anderem eine weitere Eigentumswohnung. Bis heute würde ich ohne zu zögern mein ganzes Vermögen eintauschen, um nur einen Tag mit ihm verbringen zu können. Es half alles nichts. Ich musste mich durchkämpfen und mit dieser Situation zurechtkommen. Zu diesem Zeitpunkt wusste ich, dass ich bereits jetzt eine große Summe Geld auf der hohen Kante hatte, bis zum Lebensende würde es jedoch bei weitem nicht reichen. Also fing ich an, mich Tag für Tag mehr mit meinem Geld zu beschäftigen und es stetig zu vermehren. Meine ersten nennenswerten Gehversuche fanden, wie in den folgenden Kapiteln beschrieben, relativ früh statt. Bis ich jedoch ein langfristig profitabler Händler wurde, dauerte es allerdings wesentlich länger, als ich damals erwartet hatte. Nach ungefähr sechs Jahren harter Arbeit konnte ich mich dann endlich zu dem elitären Kreis der wenigen profitablen Händler zählen. Alles, was ich verdiente, investierte ich nach und nach in Immobilien, wie mein Großvater es einst tat, und im Alter von 32 Jahren konnte ich bereits sechs schuldenfreie Immobilien mein Eigen nennen. Somit hatte ich ein zusätzliches passives Einkommen, das ich für neue Ideen nutzen konnte. Einen großen Teil dieses Einkommens reinvestierte ich dann an den Kapitalmärkten und vermehrte mein Vermögen so stetig weiter. Der Grundstein für ein entspanntes und solides Handeln an der Börse war gelegt.

Überblick

Wohnfläche	ca. 24,11 m²
Wohnräume	1 ZKB
Baujahr:	1992
Etage:	1
Garage/Stellpl.:	keine
Beziehbar ab:	01.08.1999
Hausgeld:	263,00 DM/Monat
Kaufpreis:	DM 30.000,-

Kapitel 1 – Grundgedanken

Die Null (Spielbankzeit)

Es war der 13. März 2003, der Geburtstag meines Freundes Christian. Wir hatten uns mit zwei weiteren Freunden, Marko und Stephan, verabredet, um gemeinsam seinen Geburtstag zu feiern. Als Marko mich am Nachmittag anrief, sagte er mir, dass ich mir für den Abend etwas Schickes anziehen sollte. Ich dachte mir nicht viel dabei und zog eine blaue Jeanshose mit einem schwarzen Hemd an. Als der Abend nahte und ich bei Marko vor der Tür stand, gab er mir zu verstehen, dass mein Outfit für den Abend nicht ausreichend genug war und band mir eine rote Krawatte um, die er aus seinem Kleiderschrank kramte. Ich wusste bis dato immer noch nicht, was der Plan für diesen Abend war und als ich nachfragte, sagte Marko: „Heute wird Geld gemacht."

Einige Zeit später kamen Christian und Stephan dazu, alle waren gut gekleidet und so wie es aussah, stand einem schönen Abend nichts mehr im Wege. Wir setzten uns in Markos Auto und fuhren nach Wilhelmshöhe, wo die örtliche Spielbank ihren Sitz hatte. Der Eintritt betrug interessanterweise nur einen Euro. Ich hatte überhaupt keine Ahnung vom Glücksspiel und schon gar nicht vom Roulette. Da ich wusste, dass Marko schon häufiger dort war, kannte ich den Roulettetisch aus Erzählungen.

Ich hatte 100 Euro bei mir, die ich direkt am Schalter in Jetons wechselte. In meiner Hand hielt ich zehn mal zehn Eurojetons.

Als ich eine Weile zugesehen und das Spiel etwas begriffen hatte, bemerkte ich, dass eine Farbe manchmal mehrfach hintereinander kam. Ich dachte mir, wenn jetzt fünfmal Rot gekommen ist, dann muss ja irgendwann wieder Schwarz kommen und setzte zehn Euro auf Schwarz. Der Croupier warf die Kugel ein, die Spannung stieg, mein Herz klopfte und siehe da, es kam wieder Rot, das Geld war weg. Ich dachte mir, wenn ich jetzt 20 Euro auf Schwarz setzte und gewinne, habe ich meine 10 Euro wieder zurück plus 10 Euro Gewinn. Gesagt getan. Ich setzte 20 Euro auf Schwarz. Der Croupier warf erneut die Kugel ein und ehe ich mich versehen konnte, fiel die Kugel auf ein schwarzes Feld. Mein Plan ging auf, ich hatte 10 Euro gewonnen in gerade einmal fünf Minuten. Dieses Gefühl, gewonnen und alles richtig gemacht zu haben, war so besonders, dass ich es direkt noch einmal erleben wollte.

Die anderen drei waren auch fleißig am Spielen, aber mit mäßigem Erfolg, da sie auf Zahlenkombinationen setzten, was für mich sehr langweilig erschien, da bei diesem System ein Gewinn relativ selten der Fall war. Von nun an beobachtete ich mehrere Tische auf der Anzeigetafel und wartete ab, bis fünf Mal hintereinander eine Farbe kam. Es dauerte manchmal etwas, aber es kam recht häufig vor, dass ein solches Szenario eintrat. Nach ungefähr zwei Stunden hatte ich meinen kompletten Einsatz verdoppelt und ging mit den drei anderen an die Bar, um einen Cocktail zu schlürfen. Jeder hatte etwas gewonnen, der eine mehr, der andere weniger, aber das war egal, denn wir waren alle vier Gewinner und stießen auf Christians Geburtstag an.

Da ich zu diesem Zeitpunkt noch zur Schule ging und einen Nebenjob hatte, beschloss ich, von nun an meinen Lebensunterhalt mit dem Roulette zu bestreiten. Vom Prinzip her konnte nicht viel schief gehen. Wenn ich verliere, verdopple ich einfach meinen Einsatz, bis ich gewonnen habe, dachte ich. Als sich der Abend dem Ende neigte, fuhr ich nach Hause und überlegte mir, wie ich von nun an das Ganze professionell gestalten könnte. Mit 10 Euro Einsatz lässt sich ja nicht die Welt verdienen. Ich beschloss das ganze System fortan mit 50 Euro Einsatz zu beginnen. Ich hob am nächsten Tag genau 750 Euro von meinem Sparkonto ab und hatte nach meinen Berechnungen vier Versuche: 50 + 100 + 200 + 400 = 750. Am gleichen Tag fuhr ich mit dem Geld erneut in die Spielbank, um mein System erneut auf die Probe zu stellen. Nach wenigen Stunden hatte ich 600 Euro verdient und konnte es kaum glauben.

Von nun an war ich Stammgast im Casino und kannte die Croupiers sogar mit Vornamen. Auch die Gäste waren fast immer die Gleichen. Es passierte relativ häufig, dass ich zwei oder drei Mal hintereinander verlor, doch es ging immer gut. Für alle Fälle überlegte ich mir meinen Risikopuffer zu erhöhen, da es irgendwann einmal vorkommen könnte, dass es beim vierten Mal ebenfalls schief geht. Gesagt getan. Da ich bereits genug verdient hatte, beschloss ich beim nächsten Mal weitere 2400 Euro abzuheben, um somit auf insgesamt sechs mögliche Versuche zu kommen: 50 + 100 + 200 + 400 + 800 + 1600 = 3150.

Es ging einige Male gut – bis zu jenem Abend. Es lag bereits ein Turm 50 Euro Jetons von mir auf der Farbe Rot. Ich war beim letzten Spielzug, da die Farbe Schwarz bereits zehn Mal in Folge kam und ich beim fünften Mal mit den ersten 50 Euro eingestiegen war. Der Croupier warf die Kugel ein und ehe ich mich versehen konnte, landete sie erneut auf einem schwarzen Feld. Der Abend war gelaufen. Das erste Mal nach drei Monaten war es schief gegangen und ich fühlte mich so, als wenn ich Haus und Hof verloren hätte. Es war nicht das Geld, was mir in dieser Situation wehtat, sondern vielmehr die Erkenntnis, dass mein System versagt hatte.

Da mir das Spielen etwas an die Substanz ging, versuchte ich, mir ein paar Tage Auszeit zu nehmen, um etwas nachzudenken. Einige Zeit später fuhr ich erneut in die Spielbank mit der gleichen Startsumme wie vorher. Das System lief wieder eine ganze Weile gut, bis ich erneut meinen kompletten Einsatz verspielte, doch diesmal war es irgendwie einfacher, mit dem Verlust umzugehen. Mein kompletter Alltag drehte sich nur noch um Roulette und ich vergaß die wichtigen Dinge im Leben. Ich merkte, dass ich auf Dauer gesehen gar nicht gewinnen konnte, da das ganze System einen Haken hatte. Es war die Null. Ich analysierte mein System und schrieb mir zuerst alle

Farbreihen auf. Es gab 18 rote und 18 schwarze Zahlen und zusätzlich das Feld Null. Ich hatte bei meinen vorherigen Überlegungen komplett außer Acht gelassen, dass die Null ebenfalls eine negative Zahl ist, da sie mir ebenfalls keinen Gewinn bringt. Ich teilte 18 durch 37 und kam auf eine gerundete Zahl von 0,486. Dies war also meine Gewinnwahrscheinlichkeit. Ich war entsetzt. Mein System konnte also auf Dauer gar nicht funktionieren, dachte ich und führte meinen Gedankengang noch weiter. Wenn ich eine Münze mit Kopf und Zahl nehme und diese einhundert Mal hochwerfe, müsste sich meine Trefferquote, wenn ich sie statistisch erfasste, bei fünfzig Prozent einpendeln. Auf den Roulettetisch übertragen bedeutet das also, dass meine Chancen noch schlechter stehen als beim Münzwurf. Diese Erkenntnis war ein Schlüsselmoment in meinem Leben. Das wurde mir erst viele Jahre später bewusst, aber darauf gehe ich in einem späteren Kapitel ein.

Am selben Abend traf ich eine wichtige Entscheidung. Ich fuhr in die Spielbank und lies mich sperren. Diese Möglichkeit gab es für Menschen, die die Kontrolle über sich verloren hatten. Ich hatte zwar beschlossen, nicht mehr zu zocken, aber die Sperrung war für den Fall der Fälle. Jahre später betrat ich mal wieder ein Casino, jedoch nur mit Kleingeld, das ich gerade im Portemonnaie hatte, um mit Freunden einen netten Abend zu verbringen und nicht der Gier wegen. Dieser Lebensa schnitt war für mich eine sehr wichtige Erfahrung, die mir später zugutekommen sollte.

Meine ersten Trades

Meine ersten Gehversuche an den weltweiten Kapitalmärkten fanden relativ früh statt. Ich glaube, es war eine Pennystock-Aktie, die mir von einem Signalgeber empfohlen wurde. Unüberlegt kaufte ich mir diese Aktie unlimitiert an der Xetra Börse und hatte überhaupt keine Ahnung, um was für ein Unternehmen es sich hierbei handelt. Das einzige, was ich über das Unternehmen wusste, war, dass es Rohstoffbohrungen in Kanada vornahm. Mit erhobenem Haupt präsentierte ich diese Aktie meinen Arbeitskollegen, die in der Kaffeepause interessiert auf meinen Bildschirm schauten. Ich fühlte mich bereits wie ein Börsenguru, als ich die WKN des Unternehmens in den Suchindex meiner Finanzseite eingab. Selbstverständlich kannte ich diese Nummer auswendig, was meine Kollegen, die überhaupt keine Ahnung von der Börse hatten, ins Staunen brachte. Zu dieser Zeit nahm ich an, dass es ausreichen würde, ein paar Zeitschriften zu lesen und sich ab und zu in seinem Tradingaccount einzuloggen, um nach dem Rechten zu sehen. Stopp- oder Moneymanagement waren zu diesem Zeitpunkt Fremdwörter für mich. Wie es kommen musste, verkaufte ich meine erste Aktie mit rund 30 Prozent Verlust. Es war der ureigene Instinkt, der mich dazu bewegte, meine Verluste zu begrenzen. Wenn ich im Nachhinein darüber nachdenke, würde ich mit meinem heutigen Wissen ein solches Investment gar nicht mehr eingehen. Es ist die Gier, die Menschen dazu verleitet, Pennystock-Aktien zu kaufen: aufgrund ihres exorbitanten

Kurspotentials. Mein damaliges Ziel war es, bei jedem Kauf mein Geld so schnell wie möglich zu verdoppeln. Was in meinem Depot lag, war mir regelrecht egal, und was hinter dem Investment steckte ebenfalls. Mir war auch gleichgültig, warum der Signaldienst diesen oder jenen Wert in sein Musterdepot kaufte, denn mir ging es nur um den Profit.

Es verstrichen zwei ganze Jahre, in denen ich blind jeder Kaufempfehlung nachging und alles umsetzte, was vom Signaldienst als Empfehlung vorgegeben wurde.
Das Problem war, dass ich gar nicht wusste, warum der Signaldienst diese oder jene Aktie in sein Musterdepot aufnahm. Daher wurde ich dazu verleitet, Verlustpositionen nach Verkaufsempfehlung zu halten, in der Hoffnung auf einen Gewinn oder zumindest auf einen Einstand. Unterm Strich kostete mich der Signaldienst eine Menge Geld und Zeit, da ich in dieser Phase wenig für mein Wissen tat. Irgendwann fing ich an Bücher zu lesen und mir nach und nach Wissen anzueignen, um selbst die treibende Kraft für einen Einstieg zu sein. Eine meiner frühesten Erkenntnisse war das Begrenzen meiner Verluste, das ich bis heute sicher im Griff habe. Somit gingen viele Monate ins Land, in denen ich Seminare besuchte und Bücher las. Irgendwann war ich soweit, dass sich andere Händler Tipps für ihren Handel bei mir holten, da sie wussten, wie tiefgründig ich mich mit dieser Materie beschäftigt hatte. Schritt für Schritt wurde ich sicherer in meinem Tun und wusste irgendwann, wie ich mich in den jeweiligen Situationen zu verhalten hatte. Sämtli-

ches Wissen, das ich mir über die Jahre aneignete, dokumentierte ich akribisch. Diese Dokumente sind heute das Fundament für meinen Handelsstil. Das wichtigste an der ganzen Sache, waren jedoch die Erfahrungen, die ich mit der Zeit machte. Nur ich konnte meinen Expertisen vertrauen, da ich wusste wie ich sie gezielt anzuwenden hatte. Ich bin heute noch der Meinung, dass es für Erfahrung keine Abkürzung gibt. Man kann theoretisch jedem Anfänger die erfolgreichsten Strategien vorgeben und dennoch würde dieser Mensch klaglos scheitern, da er nicht die Erfahrung besitzt, dieses Wissen richtig umzusetzen.

Die Firma (Trading als Unternehmen)

Fast jeder Mensch, der sich für das Trading begeistern kann, ist im Glauben, dass Geld die einzige Voraussetzung für einen professionellen Handel ist. Der Grund dafür ist die einfache Darstellung der Industrie. Auf den Webseiten jeglicher Broker wird der Börsenhandel als kinderleicht dargestellt. Bonus auf die erste Einlage, kostenlose Webinare und sogar Signaldienste werden zu jeder Kontoeröffnung kostenlos angeboten. Wer kann da schon widerstehen. Wenn ich die Zulassungsvoraussetzungen für den Beruf Börsenhändler mit denen eines Herzchirurgen vergleiche, würde das bedeuten, dass jeder Trader, der gerade ein Konto bei seinem Broker eröffnet hat, direkt am offenen Herzen eines lebenden Menschen arbeiten kann. Doch weit gefehlt. Die Menschen, die ohne das richtige Wissen und ohne jegliche Erfahrung mit ihrem Geld anfangen zu handeln, werden es über kurz oder lang verlieren. Und sollten sie das Glück haben in einer günstigen Marktphase einzusteigen, wo alles steigt, werden sie die erwirtschafteten Gewinne auf der Zeitachse wieder abgeben, da sie gar nicht wissen, warum sie diese Gewinne überhaupt gemacht haben. Deswegen ist es wichtig, den Börsenhandel als ein ernstes Geschäft anzusehen, in dem man die ganze Sache aus Sicht eines Unternehmers betrachtet. Absolute Kostenkontrolle, regelmäßige statistische Auswertungen sowie das Dokumentieren der einzelnen Geschäfte sind einige der Aspekte, die essentiell für professionelles Trading sind. Anfängern empfehle ich, ihre Trades nach unterschiedlichen Merkmalen zu dokumentieren. Umso mehr Merkmale dokumentiert werden, desto genauer lassen sich Schwachpunkte analysieren. Dieses ist wichtig um den eigenen Handel kontrollieren zu können.

Ein Bereich, der von fast allen Händlern vernachlässigt wird, ist das Controlling. Wie gerade erwähnt, geht nichts über die Kontrolle. Ohne die Kontrolle über seinen Handel ist es dem Trader kaum möglich, seine Arbeit zu verbessern und aus seinen Fehlern zu lernen. Es ist essentiell wichtig, jeden Trade zu dokumentieren und auszuwerten. Fehler können so analysiert werden und der Handel systematisch verbessert werden.

Meine Trades dokumentiere ich in einem von mir entworfenen Tradingjournal. In diesem wird genauestens festgehalten, zu welchem Zeitpunkt ich mit welchem Volumen im jeweiligen Markt gehandelt habe. Die von mir gewählte Strategie sowie Regelverstöße werden ebenfalls dokumentiert. Nur wer die Disziplin besitzt, sich mit seinen Fehlern auseinanderzusetzen und bereit ist, diese sukzessive zu eliminieren, wird an der Börse zu den Gewinnern gehören. Der Grat zwischen Gewinnern und Verlierern ist verdammt schmal. Man kann die erfolgbringendsten Strategien kennen und sogar verstehen, jedes Fachbuch gelesen und sämtliche Vokabeln der Märkte auswendig gelernt haben und trotzdem zu den Verlierern gehören, wenn man nicht die nötige Disziplin besitzt, seine Fehler zu erkennen und daraus zu lernen. Es ist eines der wenigen

Instrumente, die wir besitzen, um unsere Fehler zu erkennen und dennoch führen die wenigsten Trader ein Tradingjournal. Jeder Chef und jeder Vorstand eines Unternehmens trifft Entscheidungen für die Zukunft auf Grundlage der dokumentierten Ergebnisse aus der Vergangenheit. Wieso sollte es beim Börsenhandel anders sein?

Der Dispositionseffekt

Weswegen oftmals profitable Trades zu früh geschlossen werden, hat einen Grund: Es ist der Dispositionseffekt. Jeder Mensch hat das Bedürfnis nach Wohlbefinden, ganz egal, ob im Trading oder in anderen alltäglichen Dingen. Wer aber Verhaltensregeln für sich entwickelt, diese emotionalen Gefühle auszublenden und rational nach seinem Konzept handelt, ist einen ganzen Schritt weiter. Verlustpositionen werden meist voll ausgesessen und Gewinnpositionen zu früh geschlossen, was gegen den Urgrundsatz „Gewinne laufen lassen und Verluste begrenzen", klar verstößt. Dieser Effekt tritt oft nach einer längeren Verlustphase auf, da das Schmerzempfinden auf der Zeitachse zunimmt und die Sehnsucht nach einem Gewinntrade exorbitant wird. Es kommt nicht selten vor, dass nach einer solchen Verlustiere, auch Drawdown genannt, Positionen nach nur wenigen Punkten glatt gestellt werden. Diese Trader berauben sich quasi der Möglichkeit, ihre durchschnittlichen Gewinne im Verhältnis zu ihren durchschnittlichen Verlusten größer sein zu lassen.

Spätestens hier erkennt man klar, dass die richtige Strategie alleine nicht ausreicht, um profitabel zu handeln. Genau an diesem Punkt sollte spätestens jedem klar werden, dass der professionelle Börsenhandel, unabhängig von der Strategie und den dazugehörigen Regelwerken, eine hohe Gewichtung des psychologischen Faktors hat. Es sind meist nicht die Strategien oder das Risiko- und Moneymanagement, welches über Sekt oder Selters entscheiden, sondern vielmehr ist es die Psychologie, weswegen die meisten scheitern. Die Strategie und der Umgang mit den jeweiligen Risikoparametern sind meist relativ leicht zu erlernen, da sie meist mechanisch funktionieren. Der Kern dieser These wurde erstmals von den Verhaltensforschern Amos Tversky und Daniel Kahneman beschrieben.

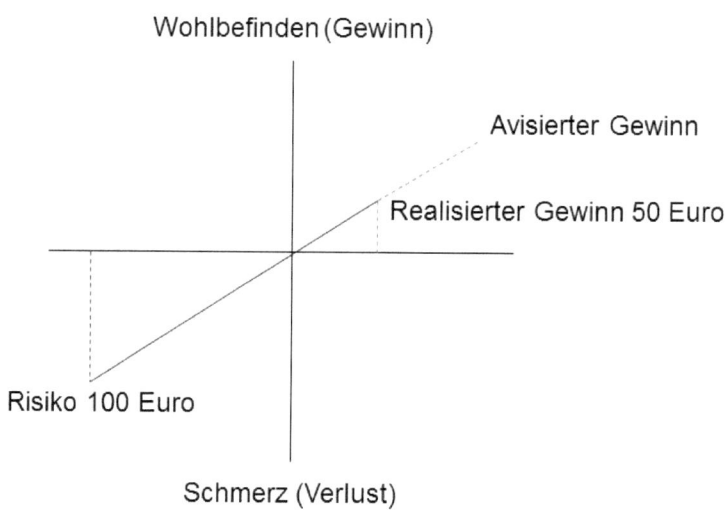

Chance und Risiko

Zum vorherigen Abschnitt wird hier nochmal der Dispositions-effekt aus einer praktischen Perspektive beleuchtet. Fast jeder Bürger in Deutschland, der etwas Geld übrig hat, kommt früher oder später auf die Idee, Aktien zu kaufen. Egal ob Anwalt oder Postbote, egal ob Abitur oder Hauptschule, egal aus welchem Beweggrund ein Produkt gekauft wird – fast jedes Geschäft läuft nach einem bestimmten Schema ab. Einige bekommen ihre Tipps aus Fachzeitschriften, die anderen bekommen es von einem Freund, der vorgibt, Insider zu sein. Nehmen wir einmal eine Person als Beispiel, die ich Klaus nenne. Klaus ist Lehrer und unterrichtet auf einer höheren Handelsschule VWL. Als Klaus bei Beginn der Finanzkrise im Jahr 2008 einige Aktien analysiert, fällt ihm auf, dass das Solarunternehmen Mustersolar fast 80 Prozent seines Börsenwertes verloren hat und ein extrem niedriges KGV aufweist (KGV = Kursge-winnverhältnis). Rasch entschließt er sich, vor Anstieg der Märkte eine große Stückzahl ins Depot zu legen, denn er hatte lange und viel gespart. Die Mustersolar-Aktie hat zu diesem Zeitpunkt einen Börsenwert von einem Euro pro Aktie. Klaus kauft 20.000 Stück. Wenige Tage später notiert die Aktie bei 1,03 Euro. Klaus ist außer sich vor Freude. Er hofft, dass seine Aktie weiter steigt, doch einige Tage später gibt es einen Kurs-rücksetzer und die Aktie hat nur noch einen Wert von 0,97 Eu-ro. Klaus nimmt diese Situation gelassen, denn er ist im festen Glauben, dass seine Aktie wieder steigen wird. Als Klaus eine

Woche später sein Depot überprüft, stellt er erschrocken fest, dass die Mustersolar-Aktie nur noch 79 Cent wert ist. Eins weiß Klaus genau, wenn er jetzt verkauft, macht er 21 Prozent Verlust. Das kann er nicht hinnehmen. Er hat schließlich VWL studiert und ist um einiges schlauer als seine Mitmenschen. Klaus entschließt sich, aus dieser Situation Kapital zu schlagen und kauft noch mal weitere 20.000 Stück, denn so hat er einen günstigeren Einstiegskurs und wenn die Aktie jetzt steigt, klingelt es richtig in der Kasse. Schockiert stellt Klaus wenige Tage später fest, dass der Kurs nun bei 61 Cent steht. Verkaufen kommt nun erst recht nicht in Frage, denn es steht einfach zu viel Geld auf dem Spiel. Klaus entscheidet sich, einfach zu warten, und wenn die Aktie wieder bei einem Euro steht, verkauft er einfach. Doch es kommt so, wie es kommen muss. Die Aktie gibt noch einmal um 20 Cent nach. Klaus ist den Tränen nah. Er hat nun die Hälfte seines Vermögens verloren, wenn er verkauft. Er fragt seinen besten Freund Peter um Rat, der die gleiche Aktie im Depot hat. Peter versichert Klaus, dass er keine Angst haben und einfach warten solle, bis sich der Kurs wieder erholt. Klaus schaut dem Spektakel weiter zu, kann aber nicht verhindern, dass der Kurs der Mustersolar acht Wochen nach seinem ersten Kauf bei 19 Cent steht. Mit Tränen in den Augen fährt Klaus seinen Rechner hoch, loggt sich bei seinem Broker ein und verkauft alle Anteile, damit ihm wenigstens noch ein kleiner Teil von seinem Vermögen bleibt.

Was hat Klaus falsch gemacht, fragen sich hier bestimmt einige. Fast alles! Ohne auf mein eigenes Handelssystem einzugehen, gibt es hier eine grundlegende Sache, die nicht nur Klaus falsch gemacht hat, sondern fast jeder Kleinanleger falsch macht. Bevor man einen Trade eingeht, muss man für sich definieren, wie viel Verlust man in Kauf nimmt und wie viel man im Gegenzug verdienen will. An der Börse wird man nicht für das Hoffen, sondern nur für das Entscheiden bezahlt. Die meisten Trader sind risikoavers, wenn es um Gewinne geht, und risikofreudig, wenn die Position im Verlust ist. Eigentlich seltsam, oder? Die Ursache für dieses Verhalten, ist recht einfach zu erklären.

Alle Trader haben das Verlangen nach Wohlbefinden. In dem Moment, in dem er verkauft, realisiert er seine Verluste. Genau an diesem Punkt trennt sich die Spreu vom Weizen. Diejenigen, die nicht verkaufen und hoffen, werden von ihren Emotionen gesteuert. Man kann jedes Fachbuch gelesen haben, auf allen noch so informativen Seminaren gewesen sein sowie die erfolgreichsten Handelssysteme kennen und am Ende dennoch zu den Verlierenden gehören, wenn man nicht die Disziplin hat, sein erlerntes Wissen konsequent und ohne emotionale Beeinträchtigung anzuwenden.

Der Vorteil (die Null im Casino)

In einem vorherigen Abschnitt hatte ich die Casino-Anekdote aus meiner Vergangenheit erzählt. Doch was hat das mit der Börse zu tun? Eine ganze Menge! Dauerhaft profitabel kann nur derjenige handeln, der einen signifikanten Vorteil gegenüber anderen Marktteilnehmern hat und weiß, wie er diesen Vorteil für sich zunutze macht.

Der Vorteil meines Handelssystems ist alleine der Trend. Wenn ich zum Beispiel einen Aufwärtstrend analysiere, ist auf den ersten Blick auffällig, dass die Impulsbewegungen, die in Trendrichtung verlaufen, größer und stärker sind als die Korrekturbewegungen. Der einzige Grund, weswegen Trends entstehen, ist, dass mehr Käufer als Verkäufer im Markt aktiv sind. Wenn ich bei einem Aufwärtstrend bleibe, ist die Wahrscheinlichkeit, dass dieser Trend fortgesetzt wird, etwas größer, als dass er bricht. Jeder einzelne Trade kann gewinnen oder verlieren, ganz egal, wie gut ein Händler analysiert – und genau darauf kommt es an. Der erfolgreiche Trendhändler lebt nicht vom einzelnen Trade, sondern von der Summe aller Trades. Niemand hat es in der Hand, ob ein Geschäft im Profit oder im Verlust schließt. Das ist die wichtigste Erkenntnis, die ein Händler verstanden haben muss. Es kommt auf den Vorteil an, den man mit dem Trendhandel gegenüber anderen Marktteilnehmern generiert. Wie schon gesagt: Rein statistisch gesehen ist es immer etwas wahrscheinlicher, dass ein Trend seine Richtung fortsetzt, als dass er endet.

Es muss nicht immer ein markttechnischer Vorteil sein, den ein Händler gegenüber seinen Konkurrenten hat. Auch ein statistischer Vorteil kann dazu dienen, auf lange Sicht eine profitable Trefferquote zu generieren. Ein statistischer Vorteil könnte beispielsweise die immer wiederkehrende saisonale Schwankungsbreite in einem Rohstoffmarkt sein. Es ist essentiell wichtig, überhaupt einen Vorteil im Markt zu haben. Nur so kann man dauerhaft bestehen.

Nehmen wir einmal an, wir hätten einen Würfel, der wie jeder normale Würfel sechs Seiten hat, allerdings nicht mit Zahlen, sondern mit den Farben Rot und Schwarz auf jeweils drei Seiten verteilt. Bei Rot würden wir gewinnen und bei Schwarz verlieren. Würden wir mit diesem Würfel 100-mal würfeln, hätten wir wahrscheinlich auf die Summe der Versuche gesehen keinen Gewinn. Jetzt stellen wir uns aber vor, der Würfel hätte sieben Seiten, vier Mal Rot und drei Mal Schwarz. Würden wir diesen Würfel ein einziges Mal werfen, könnte es sein, dass wir verlieren, obwohl die Wahrscheinlichkeit zu gewinnen höher liegt. Selbst bei zehn Versuchen könnte es sein, dass wir dennoch verlieren. Doch bei 100 Versuchen hätten wir definitiv einen positiven Erwartungswert, d.h. eine Trefferquote von über 50 Prozent und darauf kommt es letztendlich an. Dieses Vorteilsprinzip kann auf sämtliche Strategien angewendet werden, wobei die meisten Strategien kaum einen Vorteil generieren.

Es muss nicht immer ein markttechnischer Vorteil sein, allerdings befasst sich mein Handelsstil ausschließlich mit diesem, was aber nicht heißen soll, dass andere Systeme nicht funktionieren.

Kapitel 2 – Strategien

Steigende und fallende Kerzen

Um erfolgreich zu handeln, ist es wichtig, aus dem Chart heraus wichtige Informationen lesen zu können. Dies gelingt mir nicht mit einem einfachen Linienchart, da diese meist auf dem Schlusskurs basieren und ein paar Dinge nicht transparent genug für den Trader sind. Für meinen Handel nutze ich den sogenannten Kerzenchart. Hieraus lassen sich Informationen wie Höchstkurs, Tiefstkurs, Eröffnungskurs und Schlusskurs ableiten. Eine Kerze stellt im Chart immer eine Zeitperiode dar, je nach Zeiteinheit, in der ich mich gerade befinde. Befinde ich mich im Fünfminutenchart, stellt eine Kerze eine Fünfminutenperiode dar. Im Tageschart stellt eine Kerze dementsprechend eine Tagesperiode dar. Unten habe ich die Thematik noch einmal visuell aufbereitet. Es gibt ganze Bücher über Kerzen, auch Candlesticks genannt. Hier möchte ich aber nur auf das Wesentliche eingehen und den Grundgedanken vermitteln. Diese Kerzen können, je nach Einstellung, in verschiedenen Farben dargestellt werden.

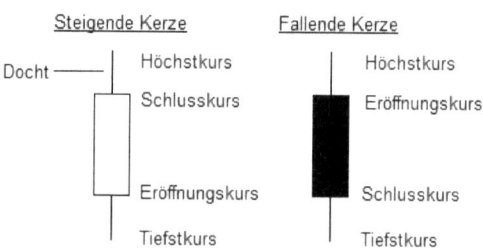

Absolute und relative Hoch- und Tiefpunkte

Bevor ich auf die Trendfolgestrategie eingehe, möchte ich vorab ein paar Begrifflichkeiten klären, die zur Umsetzung dieser Strategie enorm wichtig sind. Es ist die Unterscheidung zwischen absoluten und relativen Hoch- und Tiefpunkten. Mit Hilfe der folgenden Grafik werde ich die Thematik kurz erläutern, über die man ganze Bücher schreiben könnte. Hier kommt es mir nur auf das Wesentliche an.

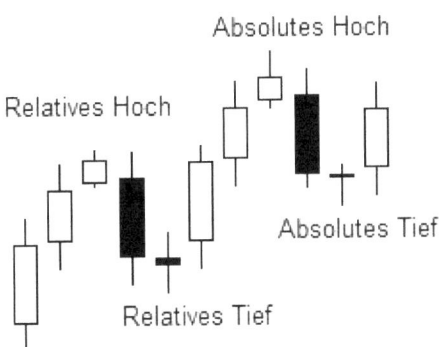

Wie man sehen kann, habe ich die genannten Punkte in einen Trendverlauf eingezeichnet. Fangen wir mit dem absoluten Hochpunkt an. Dieser Punkt ist der höchste Hochpunkt eines Trendverlaufs. Er bildet sich meist nach einer starken Aufwärtsbewegung ab. Absolute Hochpunkte müssen allerdings nicht viel höher sein als relative Hochpunkte. Es reicht ein Indexpunkt aus, um ein neues absolutes Hoch zu generieren. Der absolute Tiefpunkt ergibt sich aus derselben Logik, allerdings in umgekehrter Richtung. Damit ein Trend seine Gültigkeit behält, ist es wichtig, dass das letzte absolute Tief höher ist als das letzte relative Tief. Hier reicht auch wieder ein Indexpunkt aus. Relative Hoch- und Tiefpunkte sind genau genommen die letzten Punkte vor Erreichen neuer absoluter Hoch- und Tiefpunkte. Das relative Tief hat bei der Stoppsetzung eine besondere Relevanz. Viele Anfänger lassen das außer Acht. Darauf möchte ich aber erst im späteren Verlauf dieses Buches eingehen. Würde der Markt auf der oben abgebildeten Grafik den absoluten Hochpunkt nach oben passieren, hätten wir einen neuen absoluten Hochpunkt und das bisher gültige absolute Hoch würde zum relativen Hochpunkt werden. Genauso verhält es sich bei den relativen Tiefpunkten. Würde der Markt im selben Beispiel das absolute Hoch übersteigen, wäre der letzte absolute Tiefpunkt nun ein relativer Tiefpunkt.

Orderarten

Zu guter Letzt möchte ich noch einmal auf die wichtigsten Orderarten eingehen, die für meinen Handelsstil eine große Bedeutung haben. Viele Händler ordern ihre Positionen mit einer Marketorder, wobei der Händler bei Ausführung den nächst besten Kurs bekommt, der gerade gestellt wird. Diese Orderart ist für den professionellen Börsenhandel jedoch weniger gefragt.

Buy Limit Order: Bei dieser Orderart setzt der Händler auf steigende Kurse, wartet jedoch einen Rücksetzer des Marktes ab, da das Kauflimit sich unterhalb des aktuellen Kurses befindet.

Sell Limit Order: Hier verhält es sich genau anders herum als bei der Buy Limit Order. Der Händler setzt auf fallende Kurse. Da das Verkaufslimit sich über dem aktuellen Kurs befindet, wird die Order erst nach einer Aufwärtsbewegung des Marktes ausgelöst.

Buy Stop Order: Diese Order wird meist bei Ausbrüchen in Longrichtung verwendet. Das bedeutet wie bei der Buy Limit Order, dass der Händler auf steigende Kurse setzt. Allerdings befindet sich die Kauforder über dem aktuellen Kurs und wird bei steigenden Kursen ausgelöst.

Sell Stopp Order: Diese Orderart ist der Gegenpart zur Buy Stop Order, wobei das Verkaufslimit unterhalb des aktuellen Kurses liegt. Der Händler setzt also auf fallende Kurse.

Selbstverständlich gibt es noch viele weitere Orderarten, auf die ich hier aber nicht eingehen möchte. Die für mich wichtigsten Orderarten sind somit genannt.

Trendfolgestrategie

Wie anfangs beschrieben basiert mein Handelssystem auf der Trendfolgelogik. Die Idee ist vom Prinzip her sehr einfach, jedoch gibt es bei solchen Handelssystemen eine ganze Menge Feinheiten zu beachten. Vor allem kommt es darauf an zu erkennen, wie die einzelnen Trends der Zeiteinheiten miteinander verschachtelt sind. Den größten Fehler den Anfänger beim Trendhandel begehen, ist, dass sie sich auf eine Zeiteinheit festlegen, beispielsweise auf den Stundenchart, und nur in dieser Zeiteinheit versuchen, einem Trend zu folgen. Solche Händler denken nur soweit, wie sie sehen können. Warum? Wenn ich beispielsweise im Stundenchart einen Aufwärtstrend identifiziert habe, kann es sein, dass dieser Aufwärtstrend nur einen Korrekturast in einem übergeordneten Abwärtstrend darstellt, siehe Abbildung.

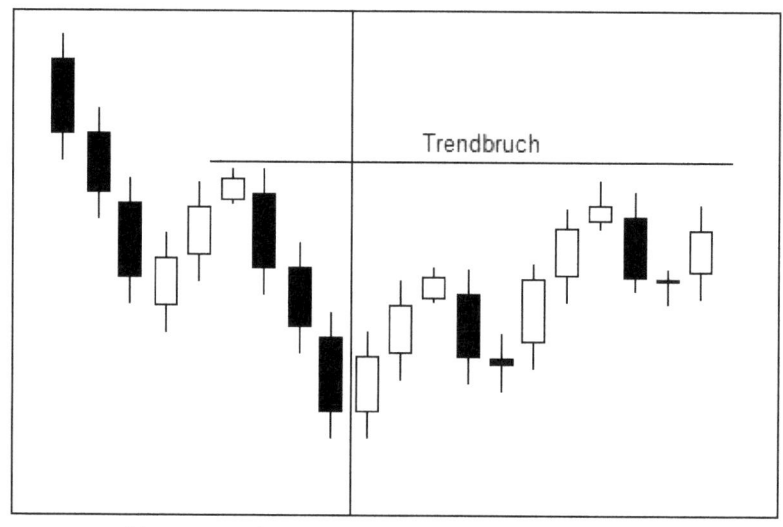

Abwärtstrend   Korrekturast

Deswegen ist es umso wichtiger, sämtliche Zeiteinheiten zu analysieren und die Trendverläufe zu identifizieren. Man kann davon ausgehen, dass Trends in höheren Zeiteinheiten eine größere Signifikanz haben als in kleineren. Trendverläufe in kleineren Zeiteinheiten können zufällig erfolgen und haben oft keine Bedeutung. Viele Anfänger würden den Korrekturast, der in der rechten oberen Abbildung skizziert ist, als Aufwärtstrend identifizieren und eine Longposition auf steigende Kurse eingehen. Doch diese Bewegung stellt lediglich eine Korrekturbewegung ein einem intakten Abwärtstrend dar.

In der nächsten Abbildung sind mehrere Trendmuster abgebildet, die ich etwas näher erläutern möchte.

Die linke obere Skizze stellt einen klassischen Aufwärtstrend dar, ohne Berücksichtigung höherer Zeiteinheiten. Dieser gilt als Basis für meinen Trendhandel.

Bei der rechten oberen Skizze ist darauf zu achten, dass bei der Bewegung, die ein steigendes Dreieck darstellt, nur eine Position eröffnet wird, wenn der übergeordnete Trend ebenfalls long gerichtet ist. Man spricht hier von einer Trendverschachtelung.

In den beiden unteren Abbildungen wird die Position nach dem Einstieg verkleinert, ein sogenannter Scaleout. Was es mit einem Scaleout auf sich hat, wird im späteren Verlauf genauer erläutert.

Im rechten unteren Bild schafft es der Markt nicht, den letzten lokalen Hochpunkt zu erreichen. Die Position wird somit verkleinert. Ob der Markt nach einem Scaleout wieder ansteigt, weiß niemand und diejenigen, die behaupten, es zu wissen, haben im Falle eines Wiederanstiegs bloß richtig geraten. Doch die Wahrscheinlichkeit, dass der Markt fällt, liegt statistisch gesehen bei über 50 Prozent und deswegen nehmen wir Risiko raus und minimieren die Positionsgröße. Dazu bildet sich ein Abwärtstrend in der kleineren Trendgröße (Zeiteinheit) aus. Eine weitere Möglichkeit, ein solches Trendmuster zu handeln, besteht darin, den Stopp auf Einstand zu ziehen. Das Verfahren ist allerdings situativ zu betrachten.

In der rechten unteren Abbildung wird äquivalent verfahren. Die Bewegungen passen nicht mehr in das Trendmuster, das der Markt in den letzten Perioden vorgegeben hat. Daher wird die Positionsgröße ebenfalls minimiert. In der Regel reduziere ich meine Positionsgröße bei einem Scaleout um 40 Prozent. Auch hierbei gibt es die Möglichkeit, den Stopp auf das Breakevenlevel zu ziehen, was aber, wie schon erwähnt, situativ abzuwägen ist.

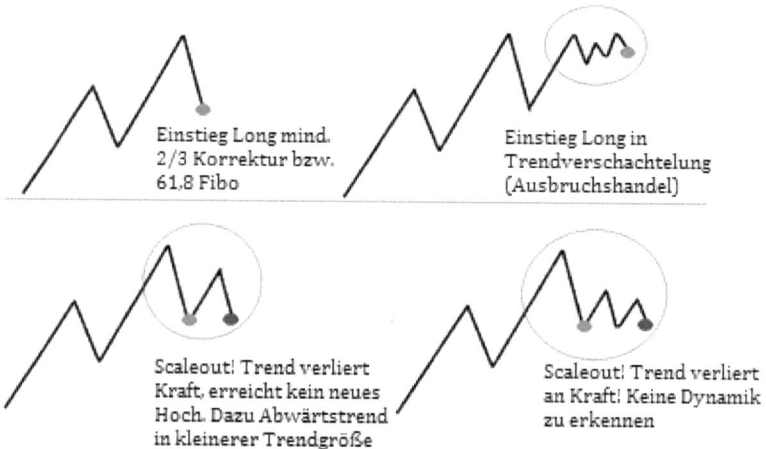

Tirmizi Trend Trading System

Einstieg Long mind. 2/3 Korrektur bzw. 61,8 Fibo

Einstieg Long in Trendverschachtelung (Ausbruchshandel)

Scaleout! Trend verliert Kraft, erreicht kein neues Hoch. Dazu Abwärtstrend in kleinerer Trendgröße

Scaleout! Trend verliert an Kraft! Keine Dynamik zu erkennen

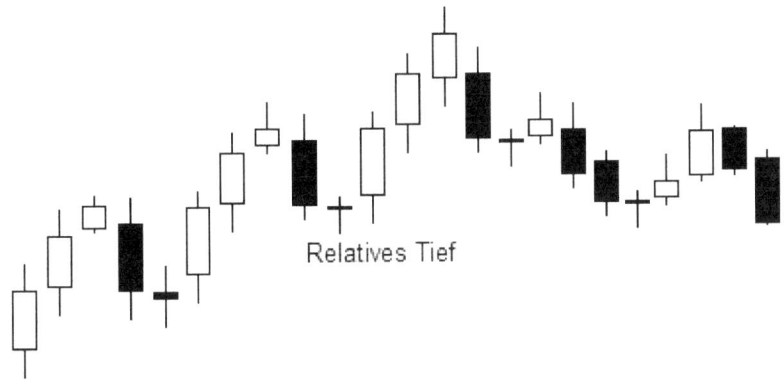

Relatives Tief

Der oben abgebildete Chart ist noch einmal ein Beispiel aus der Praxis, auf das ich etwas näher eingehen möchte. Zum einen haben wir ein zu starkes Momentum, das es sehr riskant macht, einen Einstieg in Longrichtung zu tätigen, zum anderen hat es der Markt nicht geschafft, den letzten absoluten Hochpunkt zu erreichen. Somit ist davon abzuraten, hier einen Longeinstieg zu riskieren. Diejenigen, die am letzten absoluten Tiefpunkt vor der Bewegung in Longrichtung eingestiegen sind, werden nach meinem Handelssystem wahrscheinlich ausgestoppt, da sie den Stopp nach Verlust ihres Initialrisikos auf Breakeven nachgezogen haben.

Handel aus der Korrektur

Die Grundidee in meinem Handelssystem besteht darin, in einem intakten Trend die Korrekturphase für einen Einstieg zu nutzen. Dabei ist darauf zu achten, nicht blind eine Order in den Markt zu legen, sondern die Korrektur soweit abzuwarten, bis das Momentum der Korrektur nachlässt und ein Umkehrsignal generiert wird. Mit diesem Verhalten versuche ich nicht, den Markt zu interpretieren, sondern reagiere darauf, was der Markt wirklich tut. Selbst das ist keine Garantie dafür, dass der Trade ein Gewinner wird, aber darum geht es gar nicht. Die Wahrscheinlichkeit, dass es funktioniert, ist auf die Summe meiner Trades etwas größer, als dass es schief geht. In der Regel warte ich eine 2/3 Korrektur der letzten in Trendrichtung verlaufenden Impulsbewegung ab und suche meinen Einstieg. Eine andere Möglichkeit ist es, am 61,8er Fibonacci Retracement (siehe Glossar) einen Einstieg zu suchen. Dieser Indikator ist hierbei nur ein Messinstrument, um das Ganze zu visualisieren. Ein geschulter Händler erkennt eine 2/3 Korrektur meist mit dem bloßen Auge.

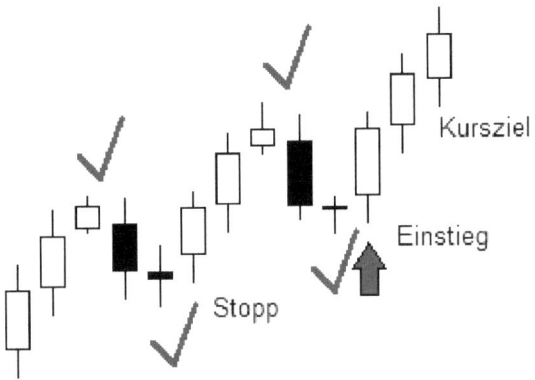

Wie man in dem obigen Chartverlauf sehen kann, warte ich immer zwei aufeinander folgende Hochs sowie Tiefs ab. Die Bedingung dafür ist, dass der Aufwärtstrend keine Korrekturbewegung in einer höheren Zeitebene darstellt. Den Stopp setze ich in der Regel an das letzte relative Tief und mein Kursziel an das letzte absolute Hoch. Je tiefer ich im Korrekturast einsteige, desto höher ist mein Gewinnpotential.

Handel des Ausbruchs

Es gibt allerdings auch die Möglichkeit, einen Trend nicht aus der Korrektur heraus zu handeln, sondern beim Ausbruch am letzen absoluten Hochpunkt, wenn wir uns einen Aufwärtstrend vorstellen.

Den Vorteil, den ein Händler hierbei hat, ist das Momentum, das in dem Fall auf der Seite des Traders liegt. Die Kauforder wird knapp über dem letzen Hoch in den Markt gelegt und bei Erreichen dieses Levels ausgeführt. Der Stopp ist in dem Fall nicht an das letzte relative Tief zu legen, sondern hinter die letzte Kerze vor Ausbruch. Wie bei allen Herangehensweisen ist auch hier selektiv vorzugehen und genau zu analysieren, ob der Markt das Potential besitzt, einen Ausbruch zu vollziehen. Ein signifikanter Vorteil ist an diesem Punkt das Orderbuch, in dem die Masse der Käufer auf derselben Seite liegen. Diejenigen, die bereits long im Markt sind, werden diesen Ausbruch mit Masse mithandeln. Die Shorthändler haben ihren Stopp allerdings meist auf diesem Level liegen und müssen sich mit einer Longposition eindecken, um ihre Position zu schließen. Dies geschieht allerdings automatisch. Und zu guter Letzt gibt es noch diejenigen, die auf einen Ausbruch spekulieren und an der Seitenlinie stehen. Diesen Personenkreis nennt man Ausbruchshändler. Da auf diesem Level, wie gerade beschrieben, kurzfristig mehr Käufer als Verkäufer im Markt unterwegs sind, kommt es zu einem technischen Ausbruch, untermauert von einem starken Momentum in Trendrichtung.

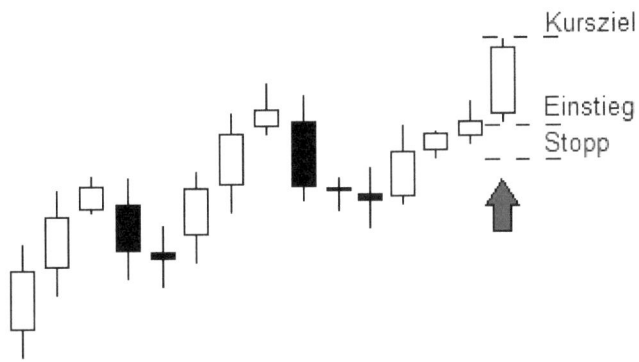

Beim Ausbruchshandel liegt das Risiko, bedingt durch den engen Stopp, meist im Geld und nicht im Markt. Was es damit auf sich hat, wird im nächsten Kapitel erläutert.

Vom Prinzip her ist es jedem Händler selber überlassen, welche Art von Trendfolge er betreibt. In diesem Buch werden ausschließlich der Bewegungshandel sowie der Ausbruchshandel dargestellt. Der Handel des Trends findet in meiner Philosophie keine Betrachtung, da die eingegangenen Positionen oftmals eine zu lange Haltedauer haben.

Der Einstieg

Fast jeder Anfänger ist der Meinung, dass der Einstieg in einen Markt das entscheidende Kriterium für den Erfolg ist. Meiner Meinung nach ist er es nicht. Natürlich spielt der Einstieg eine gewisse Rolle, wenn ich mein Chance-Risiko-Verhältnis berechne, jedoch kann ein guter Trader bei einem schlechten Einstieg sein Risiko so managen, dass er im Verlustfall weniger verliert, als er im Gewinnfall gewinnt. Einer der nach meiner Ansicht wichtigsten Faktoren beim Einstieg ist die Einstiegsroutine. Erst wenn ich eine Einstiegsroutine für mich gefunden habe, der ich zu 100 Prozent vertraue, ist sie dauerhaft wiederholbar. Im unteren Bild habe ich meine persönliche Einstiegsroutine einmal visualisiert (bezogen auf den Primärtrend). Diese Routine ist auf den Handel aus der Korrektur ausgerichtet und wird im Kapitel "Risiko und Stopp" genauer definiert.

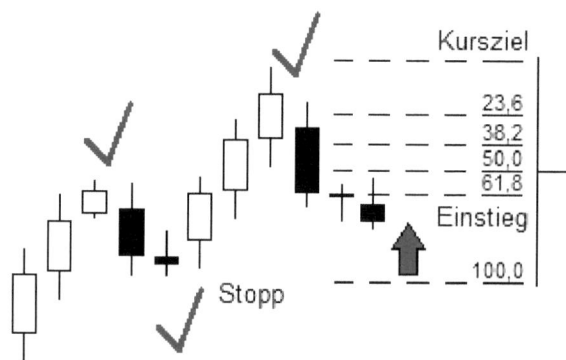

Wie man im Chart deutlich erkennen kann, arbeite ich mit Fibonacci-Ebenen. Diese dienen nicht wie in einigen Handelssystemen als Einstiegssignal, sondern als Hilfsmittel, um mein Chance-Risiko-Verhältnis für einen Trade zu bestimmen. Als Erstes suche ich nach intakten Trends, egal ob aufwärts oder abwärts. Anschließend wird der Trend an den jeweiligen Hoch- und Tiefpunkten mit einem roten Haken versehen. Erste Bedingung für einen Einstieg sind zwei Hoch- sowie Tiefpunkte. Als nächstes ziehe ich mit dem Fibonacci-Werkzeug eine Linie vom letzten relativen Tief zum absoluten Hoch. Anschließend erhalte ich meine Korrekturlevel, die ich, wie erwähnt, zur Risikoberechnung nutze. Um einen Einstieg zu tätigen, muss ein Trend mindestens am 61.8er Level angekommen sein, sowie ein Umkehrsignal generiert haben. Wenn man den oben abgebildeten Chart genauer betrachtet, stellt man fest, dass die Wegstrecke zum Kursziel deutlich länger ist als die zu meinem Stopp. Somit handele ich mit einem positiven CRV.

Hat der Markt ein Umkehrsignal in Form einer Umkehrkerze generiert, wird zunächst ein Kauflimit über den oberen Docht der aktuellen Kerze gelegt. Rauscht der Markt nach unten durch, habe ich keine Position im Markt. Wird das Umkehrsignal aber als solches bestätigt, so wird meine Kauforder bei Erreichen des Limits ausgelöst. Wissenswert ist zudem, dass beim Einstieg in den Markt in der ersten Position nur die Hälfte des Initialrisikos geordert wird. Bei einem Gesamtrisiko von 1000 Euro riskiere ich also erst einmal nur 500 Euro. Erst wenn die erste Position für mich läuft und bereits im Gewinn ist, lege ich eine zweites Kauflimit in den Markt. Zudem ist es wissenswert, dass das Initialrisiko nicht blind im Markt aufgebaut wird, sondern an markanten Einstiegspunkten.

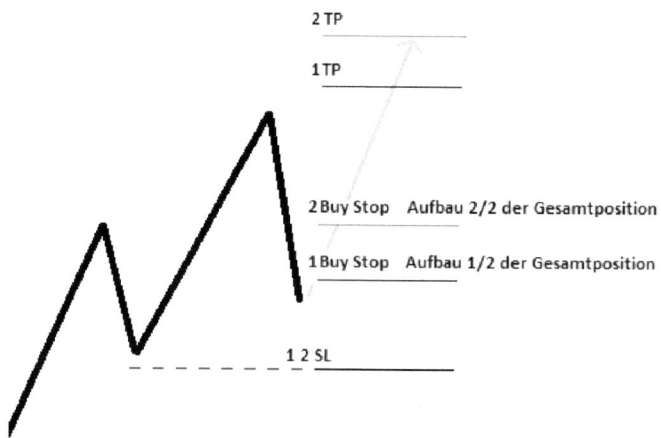

Umkehr der Nachfrage

In der folgend abgebildeten Grafik ist die Umkehr der Nachfrage in einer Korrekturbewegung eines Aufwärtstrends dargestellt. Der Handel aus der Korrektur ist eine der schwierigsten Methoden im Trading, da man zunächst gegen eine impulsive Bewegung handeln muss. Der größte Fehler, der bei diesem Handelsansatz begangen wird, ist das Setzen von Buylimit Orders in einem intakten Aufwärtstrend. Das Problem hierbei ist, dass der Händler, der das Limit in den Markt legt, gar nicht wissen kann, wann der Markt dreht und der Trade somit mehr oder weniger dem Zufall überlassen wird. Derjenige, der auf die Bestätigung der Umkehr der Nachfrage wartet, handelt im Vergleich zu den anderen mit dem Markt. Es liegt selbstverständlich nicht in unserer Hand, ob der Markt tatsächlich diese Bewegung vollzieht. Die Wahrscheinlichkeit ist jedoch in der Summe der Trades um einiges höher als bei dem anderen Ansatz.

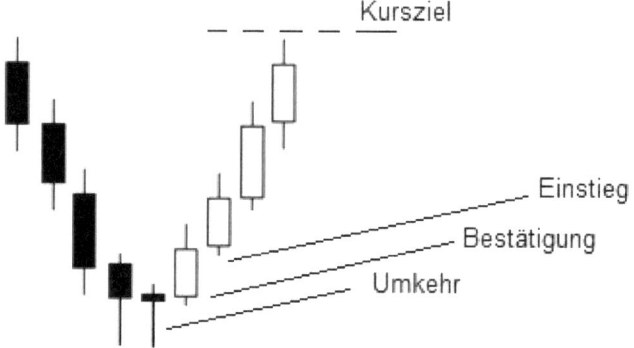

Wenn man einen Aufwärtstrend als Beispiel nimmt, ist eine Umkehr der Nachfrage oftmals am unteren Ende einer Range zu erkennen. Viele sprechen auch von einem Doppelboden. Zu Beginn meiner Karriere habe ich immer an Doppelböden gekauft und an Doppeltops verkauft, ohne Rücksicht auf den Trend. An solchen Zonen einen Trade einzugehen, ist prinzipiell nicht verkehrt, es stellt sich jedoch die Frage, in welche Richtung. Gemäß der Trendfolgelogik macht es nur Sinn, an solchen Referenzpunkten zu kaufen, wenn man sich in einem Aufwärtstrend befindet, und zu verkaufen, wenn der Trend abwärts gerichtet ist. Das bedeutet, dass Doppelböden in einem intakten Aufwärtstrend als Einstiegssignal für ein Longposition genutzt werden können und Doppeltops im Abwärtstrend zum Einstieg in eine Shortposition. Im Endeffekt gibt es unzählige Regelwerke, um einem Trend zu folgen. Es gibt jedoch ein paar Grundregeln, die man beim Trendhandel beachten sollte. Zum einen ist es die Analyse sämtlicher Zeiteinheiten, um ein

Lagebild der einzelnen Trendverschachtelungen und Beziehungen zu einander zu erkennen, zum anderen ist es die Suche nach risikoarmen Möglichkeiten, um eine Order zu platzieren.

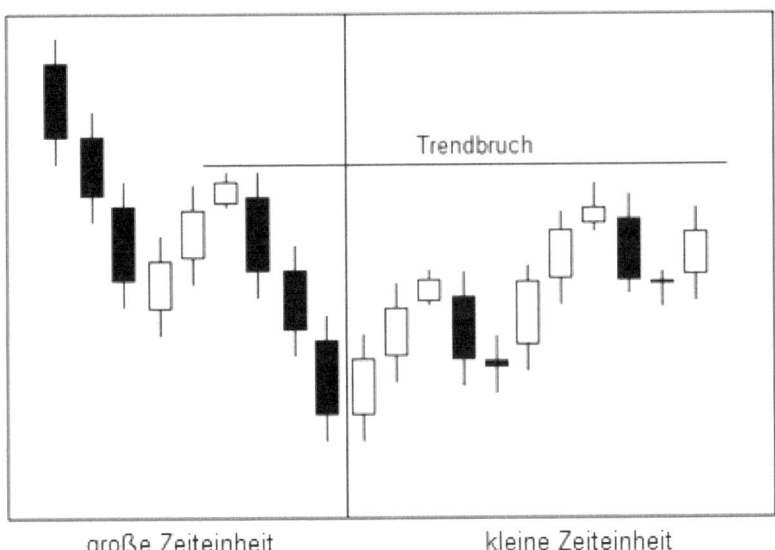

große Zeiteinheit   kleine Zeiteinheit

Von vielen Anfängern werden Zeiteinheiten nur isoliert betrachtet. Dabei gilt es vielmehr, auch stets die Trendgröße zu berücksichtigen, da eine Zeiteinheit nichts anderes als eine Lupe auf die Trendgröße ist.

Risiko und Stopp

Die Stoppsetzung ist für die Risikominimierung die wichtigste Stellschraube, die es beim Börsenhandel gibt. Viele Anfänger lassen dieses Thema völlig außer Acht, denn ein Stopp bedeutet für sie nichts anderes als Verluste zu realisieren. Für mich bedeutet ein Stopp nichts anderes als Risikokontrolle. Risikokontrolle gibt es in jeder Branche. Ganz egal, ob ich einen Imbiss betreibe oder Autos verkaufe: Ein professionell geführtes Geschäft funktioniert dauerhaft nur mit der Kontrolle des eigenen Risikos. Um zu erklären, wie Risikokontrolle beim Trading funktioniert, muss ich etwas weiter ausholen. Die erste Überlegung muss sein, wie viel ich bereit bin, pro Trade von meinem Konto zu riskieren. Es wird ein Betrag in meinem Regelwerk definiert, der zu meiner Kontogröße passt und mich nicht weit zurückwirft, wenn eine Verlustserie eintritt. Eine Verlustserie von fünf Trades, auch Drawdown genannt, ist statistisch gesehen etwas völlig normales. Wenn man ein zu hohes Risiko eingeht, z.B. pro Trade ein Risiko von zehn Prozent, hat man bei einer solchen Serie fünfzig Prozent seiner Kontogröße vernichtet. Das würde bedeuten, dass ich mit meinen restlich verbliebenen fünfzig Prozent nahezu einhundert Prozent Performance erzielen müsste, um wieder auf Einstand zu kommen. Ein gesundes Risiko sollte pro Trade zwischen ein und zwei Prozent liegen. Zum Zweiten sollte das Risiko nur so groß sein, wie ich es psychologisch verkraften kann. Wenn ich zum Beispiel 100.000 Euro geerbt hätte und somit ein Risiko von 2.000 Euro pro Trade eingehen würde, hauptberuflich aber in einem Arbeitnehmerverhältnis mit einem Nettoverdienst von 1.600 € angestellt bin, wäre das Risiko falsch gewählt. Psychologisch betrachtet würde ich pro Trade mehr als ein komplettes Monatsgehalt aufs Spiel setzen, was den meisten Tradern über kurz oder lang das Genick brechen würde, da sie Gefahr liefen, emotional zu handeln.

Kommen wir wieder auf den Stopp zurück. Ein Stopp sollte immer auf einer Marke gesetzt werden, an der das von mir gehandelte Setup nicht mehr gültig ist. Meinen Stopp setze ich in Bezug auf die Trendfolge immer auf das letzte relative Tief. Nehmen wir einmal einen intakten Trend, der aus Bewegung und Korrektur oder mit anderen Worten aus steigenden Hochs und Tiefs besteht. Bei solchen Trends ist, wenn wir zum Beispiel einen Aufwärtstrend nehmen, in den vergangenen Perioden immer massiver Kaufdruck an den relativen Tiefs zu erkennen. Mein System ist darauf ausgerichtet, dass bei einer Korrektur spätestens an einem solchen Punkt erneut Kaufdruck aufkommt, da der Markt wieder anläuft. Meist bewegt sich der Markt an solch signifikanten Punkten oder Bereichen mit einem starken Momentum wieder in Trendrichtung.

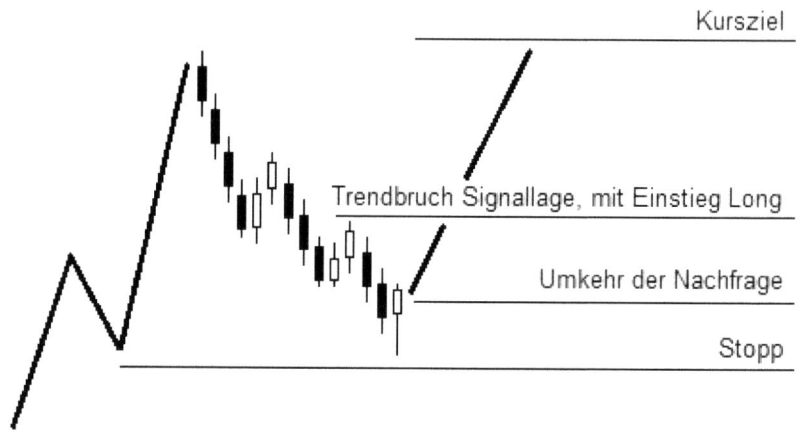

Risikoarme Stoppsetzung am relativen Tief in einem intakten Aufwärtstrend. Wie man erkennen kann, wird der Stopp an dem relativen Tiefpunkt der Großwetterlage (Primärtrend) gesetzt. Der Einstieg hingegen findet in der Signallage (kleinere Trendgröße) statt – oder mit anderen Worten: untergeordneter Trend. Die Umkehr der Nachfrage sowie der Trendbruch der Korrekturbewegung bilden das Einstiegssignal (in Verbindung mit den Fibonacci-Ebenen).

Zielbestimmung

Genau wie der Stopp spielt die Zielbestimmung beim Trading eine große Rolle. Nehmen wir einmal den Marathonläufer als Beispiel. Ein Läufer kann eine Strecke nur erfolgreich in der bestmöglichen Zeit absolvieren, wenn er das Ziel kennt. Er weiß genau, wie er seine Ressourcen einteilen und die Leistung hochfahren muss, um das Bestmögliche rauszuholen. Beim Trading ist das genauso. Die Zielsetzung aus dem Chart heraus ist gemäß meiner Strategie relativ einfach zu bestimmen.

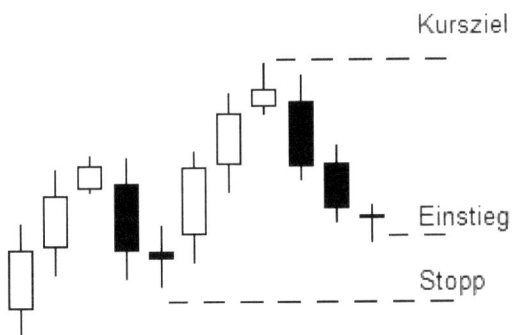

Der Einstieg und die Bestimmung des Kursziels läuft immer nach demselben Schema ab. In dem oben abgebildeten Chart kann man direkt erkennen, wo sich in einem Trend das Kursziel meines Handelssystems befindet. Es ist immer das letzte absolute Hoch nach der letzten Korrekturbewegung. Weist der Markt ein sehr starkes Momentum auf, kann man das Kursziel sogar darüber legen, um einen möglichen Ausbruch mitzuhandeln. Im Prinzip gibt es hier einen kleinen Spielraum für eine solche Zielbestimmung. Das Kursziel sollte bei einem Ausbruch allerdings nicht zu weit gesetzt sein, da der Markt in einer solchen Situation in vielen Fällen das letzte absolute Hoch noch einmal testet. Da ich stets meinen Risikostopp und mein Ziel kenne, bin ich in der Lage, Emotionen auszublenden. Ob der Markt das gesetzte Kursziel erreicht, liegt nicht in unserer Hand, auch wenn viele daran glauben. Zu Beginn meiner Karriere war ich der Annahme, dass es Menschen gibt, die wissen, wie tief ein Markt fällt, wie hoch er steigt und wann er anfängt, wieder zu drehen. Dieses Denken ist jedoch illusorisch. Jeder einzelne Trade, egal wie gut man analysiert hat, kann ein Verlierer werden. Letztendlich kommt es auf die Summe der Trades an und welches Gesamtergebnis ich damit erziele. Ein professioneller Trader arbeitet mit Wahrscheinlichkeiten, ähnlich wie ein Pokerspieler. Da niemand den Markt oder die nächste Karte vorhersehen kann, ist es umso wichtiger, Vorteile zu erkennen und zu nutzen.

Der Scaleout

Dieser Mechanismus ist bares Geld wert, er entscheidet am Jahresende, ob man Gewinner oder Verlierer ist. Aber wieso ist er so wichtig? Der Scaleout hat keine andere Bedeutung als das Reduzieren der Positionsgröße: und zwar in dem Moment, in dem ein Markt nicht in meine Richtung läuft, sei es weil er ein starkes Momentum gegen mich aufbaut oder der Markt in eine Seitwärtsphase übergeht. Trifft eines dieser Ereignisse zu, fange ich an, Risiko aus meiner Position rauszunehmen, indem ich sie verkleinere, in der Regel um 40 Prozent. Es geht beim Trading nicht um Hoffen oder Warten, sondern um Handeln, wie es der Begriff schon sagt. Menschen die hoffen, sind meist Sklaven ihrer Emotionen und wer anfängt beim Trading emotional zu handeln, wird dauerhaft zu den Verlierern gehören.

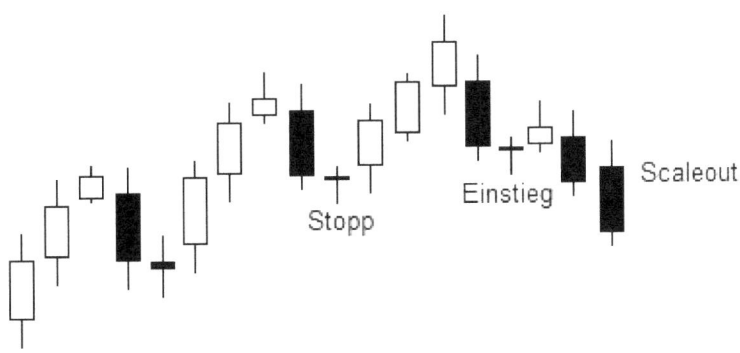

Return to open Strategie

Eine Eröffnungsstrategie, die des Traders tägliches Brot ist. Sie wird hauptsächlich im DAX-Future oder mit CFDs auf diesen Index gehandelt, lässt sich aber auch in äquivalenten Märkten umsetzen, allerdings den jeweiligen Marktbedingungen angepasst. Diese Strategie wird mit einem CRV von 1 gehandelt. Grundidee ist, dass sich der Markt nach Eröffnung erst einmal in eine Richtung bewegt und in ca. 60 Prozent der Fälle bis 9:00 Uhr wieder zum Ausgangslevel zurückbewegt. Wie man in der unteren Abbildung sehen kann, lag die Eröffnung bei 11.541 Punkten. Das Limit für die Longposition wurde bereits zu Beginn der Handelssession abgeholt, wobei der Markt sich danach erst einmal seitwärts bewegt hat. Anschließend gab es einen Return auf das 11.541 Punktelevel der erste Stunde. Es sind allerdings signifikante Chartlevels bei der Stoppsetzung zu berücksichtigen, die je nach Marktphase situativ zu definieren sind. Die ATR (average true range), also die durchschnittliche Schwankungsbreite eines Marktes in einer Periode, ist wie folgt zu beachten: Das Dreifache der ATR (14) im Fünfminutenchart ergibt bei dieser Strategie den Stopp, es muss aber mindestens 20 Punkte betragen, wenn man vom DAX ausgeht. Habe ich also eine ATR von 8, lege ich mein Orderlimit dementsprechend 24 Punkte vom Eröffnungskurs entfernt in den Markt. Der Stopp beträgt somit ebenfalls 24 Punkte. Wie bei allen Strategien gibt es keine Garantie, dass das immer funktioniert. Der Vorteil dieser Strategie wird über die Trefferquote generiert. In 100 Versuchen schließt man mehr als 50-mal im Gewinn ab und handelt somit profitabel. Risikomanagement ist bei dieser Strategie wie bei allen anderen Strategien ein essentieller Faktor. Es empfiehlt sich, die erste Bewegung abzuwarten, bevor man das Limit in den Markt legt.

Eine Kerze stellt eine Periode von fünf Minuten dar.

63

Kapitel 3 – Handelswissen

Tradingplan

Das für mich wichtigste Instrument für einen erfolgreichen Börsenhandel ist der Tradingplan. In anderen Branchen wird er auch Businessplan genannt. Im Tradingplan wird das Handelssystem definiert, mit sämtlichen Stellschrauben für die Feinjustierung: Einstiegsroutinen, Ausstiegsroutinen sowie Regelwerken für Analysen. Ein solcher Plan schützt den Trader vor emotionalem Handeln, da dieser in einem neutralen Zustand erstellt wurde. In meinen Anfangsjahren habe ich ohne ein solches Instrument gehandelt. Viele Regeln, an die ich mich heute halte, waren mir bereits damals bekannt, aber es kam häufig vor, dass sie von mir gebrochen wurden. Erst als ich anfing, mich an ein definiertes Konzept in Form eines Tradingplans zu halten, bekam mein Trading Qualität. Die Trades wurden besser und ich wurde nach und nach sicherer in meinem Tun.

Im späteren Verlauf dieses Buches stelle ich einmal einen Tradingplan vor. Wie detailliert sich ein solcher Plan darstellt, muss jeder für sich selber entscheiden. Man sollte allerdings darauf achten, dass der Handel nach einem solchen Plan nicht zu sehr durch Regeln beschränkt wird. Denn je komplizierter ein Handel ausgerichtet ist, desto unwahrscheinlicher ist dessen Wiederholbarkeit.

Doppelt klug

In einem vorherigen Kapitel ging es um Klaus, der eine Solar-aktie in seinem Depot hielt und diese fast bis zum Totalverlust in seinem Depot hatte. Doch das war nicht das Ende von Klaus. Klaus versuchte aus dem Fehler zu lernen und eignete sich mit der Zeit Wissen an. Er war ja ein kluges Köpfchen, was er in seinem Beruf als Lehrer schon des Öfteren unter Beweis gestellt hatte. Klaus fing an, sich tiefgründiger mit technischer Analyse und Indikatoren zu beschäftigen. Sein Ziel war es, Trends zu handeln. Er plante in Trends in einer Korrekturphase einzusteigen. Kein Tag verging, an dem sich Klaus nach seiner Arbeit nicht mit dem Thema Börse auseinandersetzte. Er las viele Zeitschriften und Bücher. In sein Chartprogramm hatte er einige Indikatoren geladen und versuchte aus diesen einen Trend zu filtern. Das Ganze machte er mit mehreren Märkten. Als eines Tages der Dax im August 2011 auf der 200 Tagelinie aufsetzte, war für ihn alles klar. Schnell rein in den Markt. Klaus wusste mittlerweile, dass er die Finger von Pennystocks lassen sollte und nur in liquiden Märkten profitabel handeln konnte. Er kaufte sich einen ETF (Exchange Trading Fund) auf den Dax, allerdings mit einem Hebel von 2, was bedeutet, dass wenn der Dax um ein Prozent steigt, Klaus mit zwei Prozent partizipiert. Das ganze Spiel läuft natürlich auch in die andere Richtung. Wenn der Dax um ein Prozent fällt, verliert der ETF um 2 Prozent. Nach Eröffnung der Position stieg der Dax zunächst und Klaus meinte dieses Mal die richtige Entscheidung getroffen zu haben. Zu diesem Zeitpunkt gab es auch Nachrichten aus den USA. Die Schuldengrenze für das Land war erreicht und es wurde über eine Anhebung verhandelt. Klaus dachte sich, dass die das da drüben schon hinbekommen würden und nach den Verhandlungen alles wieder in geordneten Bahnen läuft. Genau so kam es auch. Zumindest dass die Verhandlungen positiv ausfielen und die Schuldengrenze, genau wie Klaus es erwartet hatte, angehoben wurde. Direkt am nächsten Tag fiel der Dax unter die 200 Tagelinie und passierte sämtliche Unterstützungslinien, die Klaus sich in seinen Chart eingezeichnet hatte. Einen Stopp hatte er allerdings nicht gesetzt. Er handelte ja schließlich einen Index und ein solcher sollte über kurz oder lang ja wieder steigen. Doch als der Dax und somit auch sein ETF an den kommenden Tagen weiter fiel, bekam Klaus langsam Angst. Er war knapp über der 7.000-Punkte-Marke eingestiegen und nun stand der Dax 1.000 Punkte tiefer. Nachkaufen kam für ihn nicht in Frage, denn damit hatte er sich schon einmal mächtig die Finger verbrannt. Verkaufen auch nicht, denn er war mit einem großen Teil seines Geldes eingestiegen, investierte aber nicht alles, um noch liquide genug zu sein, um mit Folgetrades potentielle Verluste auszugleichen. Da er aber bereits über 20 Prozent hinten lag, wurde ihm etwas mulmig zumute. Er erinnerte sich an das Jahr 2003 zurück, in dem der Dax einmal bis auf fast 2.000 Punkte korrigierte. Als der Markt dann auch noch bis unter die 6.000er Marke fiel, fällte Klaus eine Entscheidung. Von einem Stopp hatte er ja bereits in einem Buch gelesen. Und das tat er dann auch. Er verkaufte alle seine Stücke und machte über 40 Prozent Verlust. Dass der Markt wenige Wochen später wieder in Richtung 7000 marschierte, ärgerte ihn schon ein wenig, doch hätte es auch ganz anders kommen können. Klaus hatte zwar viele Dinge beachtet, jedoch nicht daran gedacht, den Stopp mit Aufgabe der Order zu platzieren. Seine Risikokontrolle war mehr schlecht als recht, da er eine ganze Menge Geld vernichtete. Risiko- und Moneymanagement sind das Fundament jeder Strategie. In einem folgenden Abschnitt wird die essentielle Wichtigkeit dieses Instruments beschrieben.

Das fallende Messer

Einer meiner größten Fehler, den ich je begangen habe, war das fallende Messer. Sich in fallende Märkte einzukaufen, nur weil die aktuellen Kurse optisch günstig aussehen. Diesen Fehler begehen fast alle zu Beginn ihrer Karriere. Doch was ist die Ursache für dieses Phänomen? Es ist unser Gehirn. Unser Gehirn ist so konzipiert, dass es bestimmte Dinge immer in eine Relation zu Dingen aus der Vergangenheit setzt. Wer hätte Anfang 2014 gedacht, dass der Euro/USD in der unten aufgeführten Abbildung je wieder unter 1,20 notiert? Unzählige Händler haben sich an dieser Marke die Finger verbrannt, weil sie die 1,20 in Relation zur 1,30 gesehen haben. Als der Kurs dann bei 1,10 angekommen war, folgte das gleiche Spiel und es ging noch viel tiefer. Nehmen wir einmal ein Beispiel aus unserem Alltag. Stellen wir uns vor, wir würden in einem Büro XY an fünf Tagen pro Woche jeweils acht Stunden arbeiten. Es ist meist relativ wenig zu tun und wir hätten viel Zeit, um uns um private Dinge zu kümmern. Und jetzt kommt ein Tag, an dem es etwas mehr zu arbeiten gibt. Wir würden diesen Tag als einen sehr stressigen Tag betrachten. Und jetzt gehen wir noch einen Schritt weiter. Nehmen wir an, wir hätten jeden Tag so viel zu tun wie an diesem besagten Tag. Wir würden einen solchen Arbeitstag nicht mehr als schlimm betrachten, weil wir ihn in Relation zu den anderen Tagen sähen.

Viele fragen sich bestimmt, wieso die Kurse immer weiter fallen. Die Antwort ist einfach. Es sind mehr Verkäufer als Käufer im Markt.

Aggressiv und defensiv

Der wesentliche Unterschied zwischen einem erfolgreichen und einem erfolglosen Trader ist nicht, wie oft angenommen, die Strategie, sondern der Wechsel zwischen aggressivem und defensivem Handeln. So gut wie jeder Anfänger vertauscht diese Begrifflichkeiten. Demzufolge handelt dieser Personenkreis im Verlustfall aggressiv und im Gewinnfall risikoavers, oder mit anderen Worten defensiv. Profis verfahren genau umgekehrt und das ist ihr Schlüssel zum Erfolg. Das bedeutet also, dass es wichtig ist, im Verlustfall das Risiko zu begrenzen und im Gewinnfall die Position laufen zu lassen, oder sogar nachzulegen. Diese Regel begegnete mir ziemlich früh in meiner Karriere, doch richtig verstanden habe ich sie erst wesentlich später. Erinnern wir uns noch einmal an das Roulettespiel zurück, wo ich immer, wenn es nicht lief, mein Risiko verdoppelt habe, frei nach dem Motto: „ If you are in trouble, double.'' Leider ist es so, dass die meisten Trader genau diesen Fehler begehen und immer dann ihre Positionsgröße hochfahren, wenn ein Trade gegen sie läuft. Stellen wir uns einmal vor, wir hätten einen Textilladen und würden saisonbedingte Herrenbekleidung verkaufen. Die Wintersaison ist fast zu Ende und wir haben immer noch 50 von 100 Herrenjacken im Bestand, die wir nicht mehr loswerden. Was tun wir? Wir würden bestimmt keine weiteren Jacken nachbestellen, da wir wüssten, dass wir keine Käufer für die Jacken finden würden. Und jetzt mal anders herum. Wir haben Anfang Sommer und haben kurzärmlige Herrenshirts bestellt. Die Shirts sind nach der ersten Woche fast alle verkauft. Was tun wir? Nachbestellen natürlich, weil wir wissen, dass wir diese Ware mit Leichtigkeit an den Mann bringen werden. An der Börse ist es nicht anders, aber die meisten Menschen schaffen es nicht, diese Regel auf ihren Handel anzuwenden.

Der Drawdown

Das schwierigste Szenario, das einen Trader treffen kann, ist der sogenannte Drawdown. Ein Drawdown bedeutet nichts anderes als eine aufeinanderfolgende Serie von Verlusttrades. Viele Anfänger sind der Meinung, dass eine solche Serie etwas mit schlechtem Trading zu tun hat, aber diese Menschen kann ich beruhigen. Eine solche Verlustserie ist etwas ganz Normales und trifft jeden Trader nicht nur einmal in seiner Karriere. Wenn ich von einem Drawdown spreche, sind Verlustserien von zehn Trades durchaus üblich. Der größte Fehler, den leider viele begehen, ist die Suche nach einer neuen Strategie oder einem anderen Handelssystem.

Der größte Drawdown, den ich selber erleiden musste, bestand aus 14 Trades. Das wichtigste in einer solchen Situation ist, einen kühlen Kopf zu bewahren und keine emotionalen Entscheidungen zu treffen. In solchen Szenarien trennt sich meist die Spreu vom Weizen, denn nur die Trader, die die Disziplin haben, eine solche Situation auszusitzen und ihrem Konzept treu zu bleiben, werden am Ende die Gewinner sein. An der Börse kommt es nicht darauf an, wie gut man ist, wenn es läuft, sondern wie gut man ist, wenn es nicht läuft. Einen Einfluss darauf, wann ein Drawdown zu Ende ist, hat der Trader ohnehin nicht. Doch die Größe der Verluste kann der Trader trotz alledem bestimmen. Hierbei gilt es, die Verluste klein zu halten und möglichst risikoarm zu handeln.

Der Weg ist das Ziel ...

Jeder kennt diesen Satz und gerade im Trading hat er eine große Bedeutung. Viele Trader konzentrieren sich zu Beginn ihrer Karriere auf ein bestimmtes Schema, mit dem sie berechnen, wie viel Performance sie durchschnittlich im Jahr benötigen, um ihre erste Million zu machen. Nach meiner Bewertung ist das jedoch ein falscher Ansatz. Der Trader, der nach einem solchem Schema handelt, geht meist zu hohe Risiken ein, da er gegen Ende des Jahres unüberlegte Dinge tut, nur um seine Performance zu halten oder zu erreichen. Wie viel Performance eine profitable Strategie in einem Jahr abwirft, liegt nicht in unserer Hand. Deswegen ist es völlig gleichgültig, wie viel man im Jahr erzielt. Bezogen auf mein Handelssystem gibt es Marktphasen, in denen die Kurse seitwärts laufen und kaum Trends ausbilden. Viel wichtiger ist, dass man seine Strategie konstant handelt und seine Regeln beachtet, dann ist der Erfolg die sichere Konsequenz. Zu Beginn meiner Karriere habe ich mich immer auf einzelne Trades konzentriert und jeden einzelnen Trade als eine große Chance wahrgenommen und Kursziele in Erwartung gehabt, die niemals eingetroffen sind. Wie schon beschrieben kommt es beim Trading, beziehungsweise bei meinem Trading, nicht auf den einzelnen Trade an. Es kommt lediglich darauf an, dass die Zahl meiner Verlierer kleiner ist als die meiner Gewinner und das lässt sich nur durch zwei Dinge kontrollieren: Zum einen durch das Risiko und zum anderen durch mentale Stärke. Denn das sind die einzigen

Dinge, die ich wirklich verbessern kann. Alle anderen Dinge habe ich gar nicht in der Hand.

KISS (keep it super simple)

Es ist nicht das System mit dem vielfältigsten Regelwerk, das am erfolgreichsten ist, sondern eher das einfachere, welches leicht zu erlernen und umzusetzen ist. Ich erinnere mich an meine Anfänge zurück, als ich die unterschiedlichsten Stellschrauben in mein System integrierte, um es noch profitabler zu machen. Doch das einzige, was passierte, war, dass mein Konto immer kleiner wurde. Aber woran lag das? Heute weiß ich die Antwort. Durch die ganze Feinjustierung und die Reizüberflutung im Chart, die dem Cockpit eines Airbus A320 glich, kamen die essentiellen Dinge wie der Trend und das Moneymanagement ins Hintertreffen. Um die Entscheidungsfindung leichter zu machen, ist es wichtig, das Trading und den damit verbundenen Handel so einfach wie möglich zu gestalten. Hierbei zählt der Grundsatz "weniger ist mehr."

Vom Prinzip her ist der Börsenhandel nicht besonders kompliziert. Wenn man einen Anfänger fragen würde, ob seiner Meinung nach jemand mit nur einem Bildschirm oder ein anderer mit einer ganzen Desktopwand der profitablere von beiden ist, würden im Querschnitt fast alle Befragten auf den Letzteren tippen, weil es komplizierter aussieht. Wie bereits an anderer Stelle erwähnt wird vergessen, dass je komplizierter eine Strategie oder eine Handelsausrichtung gestaltet ist, desto unwahrscheinlicher ist deren Wiederholbarkeit.

Wer ist die Nummer 1?

Diese Frage stellen sich viele, meist Anfänger. Ist es derjenige mit der höchsten Performance? Oder derjenige mit dem größten Konto? Ich sage keiner von beiden. Das Problem vieler Anfänger ist der Performancevergleich zu anderen Tradern. Einige von ihnen erzielen eine Performance von 100 Prozent und mehr im Jahr und sind im Glauben, besser zu sein als der Trader mit nur 20 Prozent Performance. Fast alle Profis, die ich kenne, haben eine durchschnittliche Performance zwischen 20 und 40 Prozent im Jahr. Viel mehr ist dauerhaft im Durchschnitt einfach nicht drin. So gut wie alle Handelsansätze, die das drei- oder vierfache einer solchen Leistung erzielen, sind mit einem zu hohen Risiko erkauft und werden dauerhaft scheitern. In diesem Geschäft kommt es nicht auf Performance an, sondern auf die Qualität der Trades. Professionell gemanagtes Risiko, diszipliniertes Handeln und ständiges Auswerten sind nur einige Bausteine der Qualität. Einige nennen sich Profitrader, weil sie einmal eine günstige Marktphase getroffen haben und deswegen über ein oder zwei Jahre profitabel handelten. Diese Menschen sind keine Profis, sondern haben nur Glück. Mein Credo lautet: dauerhaft profitabel handeln, mit einem duplizierbaren Handelsansatz, der einen positiven Erwartungswert ausweist.

Tradingjournal

Wie bereits mehrfach erwähnt nutze ich ein Tradingjournal, um meine Trades stets zu dokumentieren und auszuwerten. Unten habe ich einmal ein vereinfachtes Tradingjournal als Muster dargestellt. Mein persönliches Tradingtool, welches ich zur Auswertung nutze, ist etwas umfangreicher als dieses. Das ist aber jedem Trader selbst überlassen. Den Grund, weswegen ich ein solches Journal führe, habe ich bereits vorab erwähnt. Er heißt Kontrolle.

Datum	Markt	Richtung	Ze.	Ergebnis	Strategie	CRV	Bemerkung
14.02.14	X-CFD	Long	H4	241	Trendfolge	2	keine

Vom Prinzip her ist es wichtig, erst einmal ein solches Instrument zu nutzen. Viele fangen damit an, verlieren auf der Zeitachse jedoch die Disziplin es ordnungsgemäß zu führen, da es vielen auf Dauer lästig erscheint, es kontinuierlich zu führen und zu optimieren.

Positionsgrößerechner (Risikomanager)

Um stets die richtige Positionsgröße, gemessen an meinem Risiko, einzugehen, habe ich ein eigenes Tool geschrieben, mit dem ich diese jederzeit für den von mir definierten Risikobetrag berechnen kann. Die jeweiligen Zellen sind mit Funktionen hinterlegt, die mir die Berechnung abnehmen. Je kleiner die Wegstrecke, die ein Markt bis zum Ziel zurücklegen muss, desto größer ist die Positionsgröße, die ich bei einem konstanten Risikobetrag handeln möchte. Ich empfehle maximal 2,5 Prozent vom eigenen Kapital pro Trade zu riskieren, wobei das auch schon eine Menge Geld ist. Anfängern rate ich zu ein Prozent. Wie bereits erwähnt ist es zudem wichtig, dass der Risikobetrag nur so groß ist, dass ich mit meinen Emotionen nicht in Konflikt komme.

Kontostand:	120000
Risiko %:	1
Risiko €:	1200
Markt:	XY-CFD
Pips:	20

Positionsgröße: 2 Lot

Muster-Tradingplan

Im Folgenden habe ich einmal einen Tradingplan als groben Leitfaden aufgeführt. Ein Tradingplan kann frei nach den jeweiligen Bedürfnissen des Traders angepasst werden. Richtig und falsch gibt es eigentlich nicht. Es ist lediglich vorteilhaft, dass die wichtigsten Handelsansätze klar definiert sind. Ein Tradingplan ist ein lebendes Dokument, das mit der Zeit anzupassen ist.

Muster

1. Strategien
Hierbei werden die einzelnen Einstiegsroutinen für die jeweiligen Strategien definiert.

2.Tradingregeln
Unter diesem Punkt werden die einzelnen Tradingregeln definiert. Eine Regel könnte sein, dass keine Position mit dem Smartphone eröffnet wird, oder keine Positionen über Nacht gehalten werden.

3. Aktuelle Managementregeln
Die Managementregeln sind der eigentliche Kern eines Tradingplans und können folgende Punkte umfassen.

CRV	:	Mindestens 1:1
Tagesloselimit	:	2 Verlusttrades
Paralleltrades	:	2 Trades maximal
Reentrys	:	2 Versuche
Stoploss	:	Situativ
Zeiteinheiten	:	M30, H1, H4, D1
Derzeitiges Risiko	:	1 % meiner Equity pro Trade
Gehandelte Märkte	:	EUR/USD, GBP/USD
Handelszeiten	:	08:00 – 16:00 Uhr

Mustercharts

Intakter Aufwärtstrend

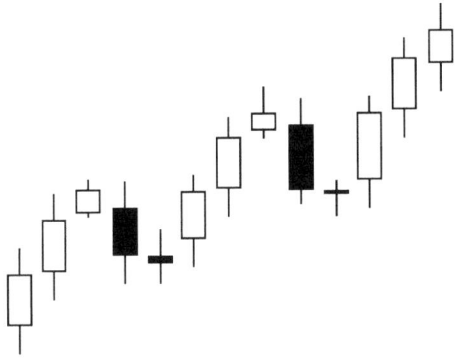

In dieser Grafik ist ein klassischer Aufwärtstrend dargestellt, der sich aus steigenden Hoch- und Tiefpunkten generiert.

Intakter Aufwärtstrend verliert an Kraft

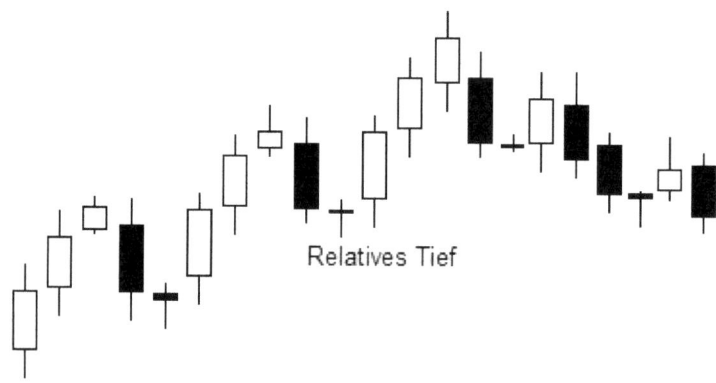

Relatives Tief

Hier ist ebenfalls ein klassischer Aufwärtstrend zu sehen, der zwar intakt ist, aber an Kraft verliert. Solange das letzte relative Tief nicht unterschritten wird, ist der Trend gültig.

Gebrochener Aufwärtstrend

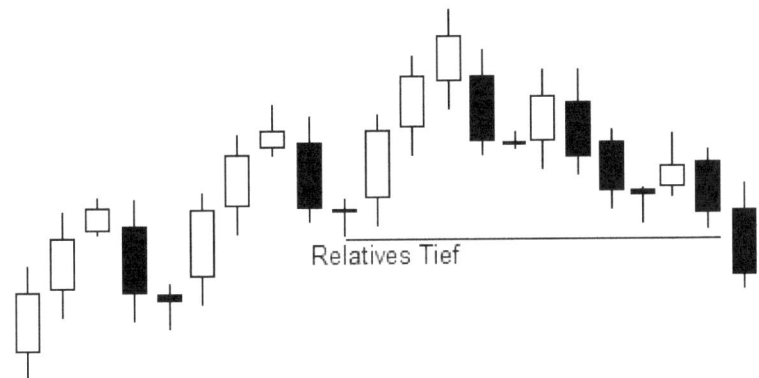

Relatives Tief

Hier ist im Vergleich zur vorherigen Grafik der Aufwärtstrend gebrochen, da er das letzte relative Tief unterschritten hat. Der Markt befindet sich in einer trendlosen Phase.

Vollkommen intakter Abwärtstrend

Trendfolge funktioniert auch in die Gegenrichtung. Hier ein vollkommen intakter Abwärtstrend.

Intakter Abwärtstrend

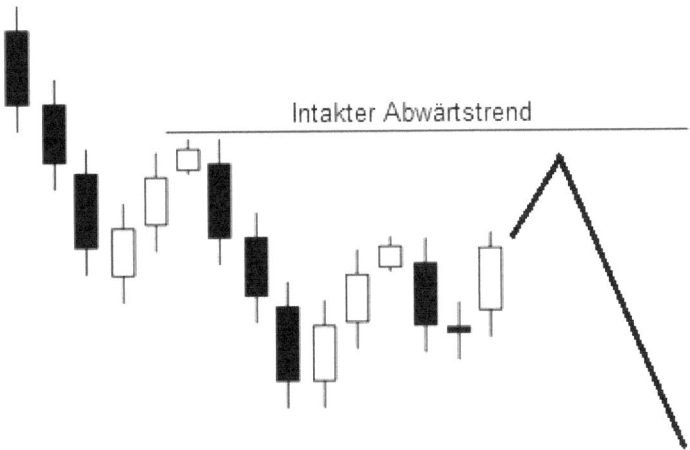

Bei diesem Trend haben wir den Markt ebenfalls in einem intakten Abwärtsmodus, solange die oben eingezeichnete Linie nicht durchbrochen wird.

Intakter Abwärtstrend mit starker Gegenbewegung

Hierbei gibt es im Vergleich zum letzten Chart eine Besonderheit. Der Abwärtstrend ist zwar voll intakt, jedoch ist mit den beiden letzten Kerzen ein zu starkes Momentum zu erkennen, das einen Einstieg in Shortrichtung fraglich werden lässt. Hier gilt es abzuwarten, ob der Markt den Abwärtstrend fortsetzt.

Gebrochener Abwärtstrend

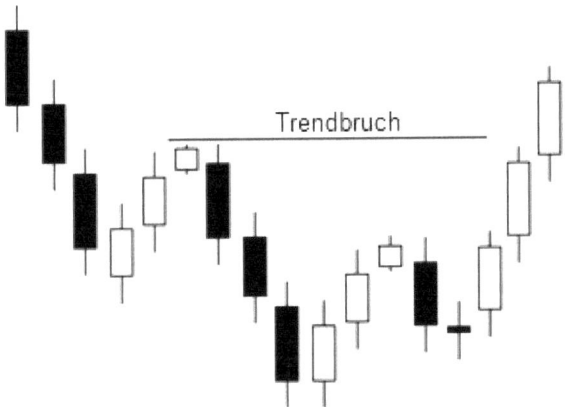

Mit dem Durchbrechen der oben eingezeichneten Linie am letzten relativen Hochpunkt ist der Abwärtstrend vorerst beendet. Ein Longeinstieg ist dennoch mit Vorsicht zu genießen, da oftmals Trends gebrochen werden, diese aber im späteren Verlauf ihre Primärrichtung fortsetzen.

Abwärtstrend mit Unterbrechung

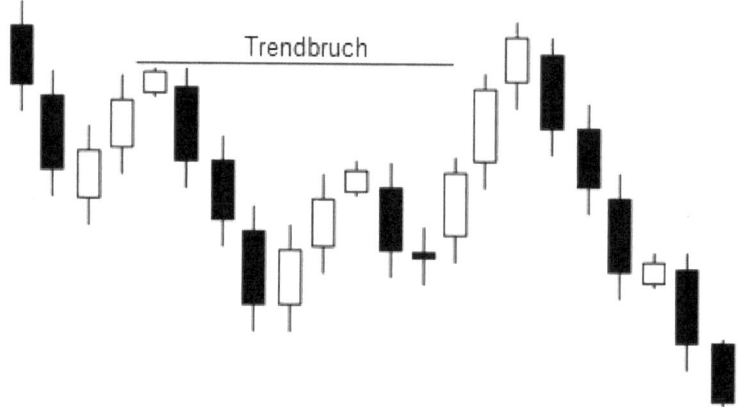

In dieser Grafik ist ebenfalls ein gebrochener Abwärtstrend zu erkennen. Ein Trend kann sich trotz Bruch weiter fortsetzen, wie im vorherigen Chart beschrieben. Man spricht dann von einem Unterbrechungshoch.

Die Klasse der Meister

Wenn Menschen mit einer Sache beginnen, ist es meist deren Bestreben, in dieser Sache gut zu werden. Doch wie wird man eigentlich gut? In meiner Jugend dachte ich immer, dass man eine außergewöhnliche Begabung braucht, um in einer Sache gut zu werden. Doch ich bin vom Gegenteil überzeugt worden. Wer mich etwas besser kennt, weiß genau nach welchen Devisen ich lebe. Und jetzt passt genau auf. Mache immer das gleiche, aber das gleiche immer besser. Was könnte es mit diesem Satz auf sich haben? Es ist ganz einfach. Eine Sache, die ich immer und immer wiederhole, wird irgendwann zur reinen Routine. Man denkt quasi nicht mehr über einzelne Prozesse nach, sondern hat sie voll automatisiert. Damit möchte ich niemanden dazu animieren, mit dem Denken aufzuhören. Jedoch ermöglicht mir diese Routine schnelles Handeln. Zudem entwickelt man Erfahrung, was das Wichtigste überhaupt ist. Viele denken, dass wenn sie nach einer bewährten Strategie eines Profis handeln, sie auch genauso erfolgreich sein werden. Diesen Zahn muss ich euch aber gleich ziehen. Es ist nicht allein die Strategie, die den Trader erfolgreich sein lässt, sondern vielmehr die Erfahrung, diese Strategie richtig anzuwenden. Eben habe ich erwähnt, dass man kein Talent braucht, um erfolgreich zu sein. Natürlich braucht man auch etwas Begabung, aber das ist halt nicht alles. Fast jeder Mensch kennt Leute aus seiner Jugend, die in irgendeiner Sache sehr begabt waren. Wenn man heute nach diesen Menschen schaut, haben die meisten von ihnen diese Sache bereits aufgegeben. Sei es der Fußballspieler, der Klavierspieler oder der Sänger.

Man sagt, dass man sich mit einer Sache 10.000 Stunden beschäftigen muss, bis man sich Meister nennen kann. Ein sehr guter Freund von mir hat im Alter von 16 Jahren angefangen sich für das Handwerk eines DJs zu interessieren und fing an Musik aufzulegen, erst zuhause und später auf einigen Feiern. Er war mittelmäßig begabt und es gab eine Menge anderer Leute, die zu diesem Zeitpunkt besser waren als er, da sie eine hohe Begabung für diese Sache hatten. Auf der Zeitachse verschwanden diese Leute jedoch von der Bildfläche und wurden immer weniger. Nicht weil sie auf einmal schlecht waren, sondern weil sie einfach aufgehört haben. Dieser besagte Freund gehört heute zu den Besten der Besten. Er hätte tausend Gründe suchen können, um die Flinte ins Korn zu werfen, doch er hat weiter gemacht. Er hat diese Sache so oft wiederholt, bis er sie blind beherrschte. Mit anderen Worten Meisterklasse.

Risiko im Markt oder im Geld

Diese Überschrift hört sich bei der ersten Überlegung etwas merkwürdig an, ist aber eine essentiell wichtige Sache im Trading, gerade im Handel mit Hebelprodukten. Händler, die ihre Signale in kleinen Zeiteinheiten generieren, zum Beispiel im Fünf-Minuten-Chart, haben eine relativ kleine Wegstrecke zum definierten Kursziel zu bewältigen. Das hört sich eigentlich nach einem Vorteil an, ist es aber nicht. Um eine Strecke von beispielsweise 10 Punkten im Dax-CFD zu handeln, brauche ich eine höhere Positionsgröße (bei einem Risiko von 100 Euro). Dementsprechend hoch sind dann auch die Finanzierungskosten bei solchen Trades (wenn ich von einer Kontraktgröße von einem Lot ausgehe, welche je nach Broker variiert). Dies hat zur Folge, dass ich bei Eingang der Position im schlechtesten Fall erst einmal 10 Prozent hinten liege, da der Spread erst einmal vom Broker abgezogen wird. Bewegen wir uns auf einer Zeiteinheit von vier Stunden, habe ich meist eine größere Wegstrecke, die ein Markt zurücklegen muss, und dementsprechend eine kleinere Position, wenn wir wieder von einem Risiko von 100 Euro ausgehen. Im Umkehrschluss bedeutet das nichts anderes, als dass ich beim Handel in größeren Zeiteinheiten geringere Finanzierungskosten habe, und mir somit mehr von meinem potentiellen Gewinn übrig bleibt. Durchschnittlich 10 Prozent Kosten sind für die meisten Trader ein Performancekiller, da sie ohnehin nicht mehr als 10 Prozent verdienen.

Wirtschaftsdaten

Diese Daten haben in Bezug auf meinen Handelsstil eine eher sekundäre Signifikanz. Für mich als Trader ist nur wichtig zu wissen, wann sie anfallen, um ein hohes Aufkommen von Volatilität zu vermeiden. Eigentlich ist es nur wichtig zu wissen, ob die Wirtschaftsdaten besser oder schlechter als erwartet ausfallen. Ergibt sich aus meiner Marktanalyse eine Einstiegsmöglichkeit, wird im Einzelfall abgewogen, ob die Position tatsächlich eröffnet oder gewartet wird, bis die Daten veröffentlicht wurden. Stellen wir uns einmal vor, wir wären ein Surfer, der, ohne den Wetterbericht gelesen zu haben, seiner Leidenschaft nachgeht. Wir würden in Schwierigkeiten kommen, wenn auf einmal ein Hurrikan über die Küste zieht. Hätten wir den Wetterbericht vorher gelesen, wären wir gar nicht vor die Tür gegangen. Und genauso verhält sich das ganze bei meinem Handelsstil. Wir gehen nur vor die Tür, wenn die Sonne scheint und das Wetter es zulässt. Es ist einfach zu gefährlich und eben nicht risikoarm, an solchen Zeitpunkten eine Position zu eröffnen, da wir Gefahr laufen, dass die Volatilität uns über den Stopp aus dem Mark holt.

Wichtige Regeln

Im Folgenden habe ich einmal meine wichtigsten Handelsregeln in Bezug auf meinen Tradingstil aufgeführt. Jeder Handelsstil hat seine eigenen Regeln. Regeln, die für mein Trading zutreffen, können für andere Handelsansätze völlig unpassend sein.

- Trade niemals gegen ein starkes Momentum.

- Trade niemals gegen einen übergeordneten Trend.

- Niemals gestaffelt gegen den Trend kaufen, da dies nichts anderes als kontrolliertes Verbilligen ist.

- Trade nur geschlossene Kerzen.

- Ein Reentry kommt nur in Frage, wenn sich die Situation deutlich zu meinen Gunsten entwickelt.

- Es wird auf allen Zeitperioden nach signifikanten Unterstützungen und Widerständen gesucht, beginnend von großen in kleine Perioden hinein.

- Beachte immer die durchschnittliche Schwankungsbreite eines Marktes (ATR).

- Ich eröffne keine zweite Position in einem korrelierenden Markt.

- Ich eröffne keine Position mit dem Smartphone. Nutze es lediglich zur Trade-Überwachung.

- Aus derselben Zeiteinheit, aus der meine Idee stammt, berechne ich auch meinen Stopp, sowie mein Ziel nicht aus kleineren Zeitperioden.

- Doppeltops und Doppelböden werden nur in Verbindung mit Trends gehandelt.

- Es werden keine Märkte gehandelt, die ich nicht kenne.

- Es wird versucht, keine Positionen über Nacht zu halten, außer wenn sich der Trade weit im Gewinn befindet.

- Eröffne ich versehentlich eine Position mit zu hohem Volumen, gehe ich sofort glatt.

- Es wird auf glatte Marken (Magic Numbers) geachtet, da diese als Widerstand oder Unterstützung dienen.

- Es werden nur gute Opportunitäten angenommen, keine drittklassigen Einstiege.

- Im Forex und CFD-Bereich werden Trading-Ideen ab einer Zeiteinheit von M30 betrachtet, da in noch niedrigeren Zeiteinheiten die Finanzierungskosten der Position im Verhältnis zum Risiko zu hoch sind.

- Entwickelt sich ein starker Trend in einer kleineren Zeiteinheit gegen mich, verkleinere ich die Position.

- Suche den risikoärmsten Einstieg, womit das Risiko minimiert und der Gewinn maximiert wird.

- Auf SKS (Schulter Kopf Schulter) Formationen achten, da diese durch Trends entstehen.

- Bei jedem Trade prüfe ich den übergeordneten Trend, um auszuschließen, dass sich in einem Aufwärtstrend die übergeordnete Zeiteinheit nicht in einem Abwärtstrend befindet und die gegenwärtige Bewegung einen Korrekturast darstellt.

- Es werden keine unterschiedlichen Strategien parallel im gleichen Markt gehandelt.

- Handele selektiert. Weniger ist mehr.

Finanzielle Unabhängigkeit

Für ein erfolgreiches und profitables Trading bedarf es aus meiner Sicht einer gewissen finanziellen Unabhängigkeit vom Trading. Der Grund dafür ist ganz einfach. Nur wer auf das Trading nicht finanziell angewiesen ist, kann rationale Entscheidungen, losgelöst von jeglichen Emotionen, treffen. Stellen wir uns einmal einen Händler vor, der mit einem Konto von 50.000 Euro im Markt unterwegs ist. Er müsste vor Steuern ca. 50 Prozent Performance p. a. erzielen, um seinen Lebensunterhalt zu bestreiten. 50 Prozent sind eine Menge Holz, vor allem im Durchschnitt, d.h. auf die Jahre gesehen. Wenn dieser besagte Händler gegen Ende des Jahres aber nur 10 Prozent vorne liegt, würde er dazu neigen, höhere Risiken einzugehen, nur um sein Umsatzziel zu erreichen. In solchen Situationen kommen dann meist Emotionen ins Spiel. Der Händler würde keine rationalen Entscheidungen mehr treffen können. Obwohl er über ein fundiertes Fachwissen verfügt und sein Risiko stets im Griff hatte, wird er wahrscheinlich dauerhaft zu den Verlierern gehören. Beim Trading gibt es drei Disziplinen, die man beherrschen muss. Zum einen die Markttechnik, zum anderen das Risiko- und Moneymanagement, und zu guter Letzt den psychologischen Faktor. Man ist nur dauerhaft erfolgreich, wenn man alle drei Disziplinen mit Eins meistert. Selbst mit einer schlechten Note in nur einem Fach, wird man dauerhaft nicht profitabel handeln können.

Vier Phasen eines Traders

Der Werdegang eines Traders ist meist in vier Phasen gegliedert. Die erste von diesen vier Phasen ist die Spielerphase. In dieser handelt der Trader, der er eigentlich noch nicht ist, willkürlich aus dem Bauch heraus. Er versucht ohne jeglichen Handelsansatz und Risikomanagement irgendwie Gewinne zu erzielen. Nicht selten realisiert dieser Personenkreis in den ersten Monaten erst einmal Gewinne, da meist keine Stoppsetzung erfolgt und Verluste ausgesessen werden. Nach einer gewissen Zeit kommt es jedoch zum Totalverlust des Kontos, da im Verlustfall immer höhere Risiken eingegangen werden.

In der zweiten Phase wird der Spieler zum Schüler. Es sind diejenigen, die nach den ersten Rückschlägen merken, dass man sich mehr mit der Materie und den Regeln der Märkte befassen muss, um dauerhaft eine Chance zu haben. Diese Phase dauert am längsten, da der Trader immer wieder neue Handelsansätze findet und ausprobiert. Bei diesem Personenkreis sind schon erste Ansätze von Risiko- und Moneymanagement erkennbar und Handelsansätze nachvollziehbar. Auch ein Tradingplan ist bereits vorhanden.

Der Breakeventrader dagegen hat bereits einen festen Handelsstil gefunden und ist gefestigt in seinem Verhalten. Risiko- und Moneymanagement hat er fest im Griff. Der Grat zwischen

Breakeventrader und Profi ist relativ schmal und unterscheidet sich meist nur in der Erfahrung.

Als Profi bezeichne ich einen Trader, der über langjährige Erfahrung verfügt und dauerhaft profitabel handelt. Mentale Stärke und absolute Risikokontrolle gehören zu seinen Waffen. Er besitzt vor allem die Fähigkeit zu erkennen, wann er die Positionsgröße hochfahren muss und wann er sie zu reduzieren hat.

And last but not least

Nun sind wir fast am Ende angelangt, aber eine wichtige Botschaft möchte ich noch mit auf den Weg geben. Es ist etwas, was eure Sache am Leben halten soll, vor allem in schweren Zeiten. Lasst euch niemals von anderen Leuten für eure Sache belächeln, sei es im Trading oder in anderen Dingen. Ich bin im Leben so oft von anderen Menschen belächelt worden, die damit nur versuchen wollten, meinen Traum kaputt zu machen. Menschen, die über Dinge anderer Menschen lachen, haben meist ein Problem mit sich selbst. Weil sie selber keinen Erfolg haben, versuchen sie andere davon abzuhalten, erfolgreich zu sein. Es ging bei mir in der Anfangsphase nur mäßig voran, aber ich wusste, dass es da draußen Menschen gibt, die mit dem Trading sehr erfolgreich sind, und zu diesen Menschen wollte ich auch gehören. Eine schwierige Phase in Form von Verlusttrades ist nichts Schlechtes. Der Markt zeigt euch damit nur auf, wo eure Defizite liegen. Macht weiter, egal was euch passiert und gebt niemals auf, denn aufgeben kann jeder und irgendwann werdet ihr für euer Tun belohnt werden.

Trading-Begriffe

Average true range (ATR)
Durchschnittliche Schwankungsbreite eines Marktes

Bearish
Fallend in Bezug auf den Handel

Breakout
Ausbruch

Bullish
Steigend in Bezug auf den Handel

CFD (contract for difference)
Partizipation an Märkten, ohne Position physisch zu besitzen
Hierbei wird eine Margin beim Broker hinterlegt.

Chart
Visualisierung einzelner Kursverläufe in der jeweils selektier-
ten Zeiteinheit

CRV
Chance-Risiko-Verhältnis

ETF (exchange traded fund)
Börsengehandelter Fond

Fibonacci Retracement
Der Begriff steht im Trading für einen Indikator, mit dem sich potentielle Widerstandszonen ermitteln bzw. ein mögliches Korrekturlevel einer Bewegung bestimmen lassen.

Forex (Foreign exchange market)
Devisenmarkt

Kerzen
Gesonderte Visualisierung einzelner Zeitperioden

Long
Ausrichtung auf steigende Kurse

Momentum
Dynamik einer Kursbewegung

PIP (price interest point)
Einheit im Devisenhandel, in der die Preisveränderung eines Währungspaares angegeben wird

Range
Handelsspanne eines Wertes in einer jeweiligen Zeitperiode

Short
Trendrichtung auf fallende Kurse

SL (stop loss)
Ein vom Händler definierter Stopp, an dem eine Order im Verlust automatisch geschlossen wird

TP (take profit)
Ein vom Händler definiertes Kursziel, an dem eine Order automatisch im Gewinn geschlossen wird

Tages-Lostlimit
Definierte Verlustserie an einem Tag

Trading
Der Handel mit Finanzinstrumenten jeglicher Art

Interview mit dem Autor

Wie viel Performance kann man mit dem Tradinggeschäft im Jahr erzielen?

Das lässt sich, wenn ich nur ein Jahr betrachte, schwer prognostizieren. Man sollte den Durchschnittswert mehrerer Jahre als Richtwert nehmen. 20 Prozent halte ich als durchschnittliche Performance für durchaus realistisch, wobei es auch mal Jahre gibt, in denen 40 Prozent drin sind, aber auch andere Jahre, wo es nur fünf Prozent sind. Performance ist nie planbar, sondern davon abhängig, wie viel der Markt mir gibt.

Wie lange braucht man, bis man dauerhaft profitabel handeln kann?

Es hängt von jedem selbst ab, wie lange es dauert. Wie in jedem anderen Beruf muss man erst mal das Handwerk erlernen, bevor man wirklich starten sollte. An der Börse besteht jedoch das Problem, dass jeder sofort loslegen kann, ohne Führerschein sozusagen. Ich selber habe sechs Jahre gebraucht, bis ich wirklich profitabel handeln konnte.

Warum scheitern die meisten Trader?

Das hat mehrere Gründe. Die meisten haben zu Beginn die falschen Erwartungen und setzen sich utopische Ziele. Viele wollen gar nicht traden und sich mit den Grundlagen auseinandersetzen, sondern das schnelle Geld machen. Diese Gier ist meistens mit einem exorbitanten Risiko erkauft, was in der Folge dann häufig im Totalverlust endet. Andere haben einfach nicht die Disziplin, sich an Regeln zu halten oder sich wissen anzueignen.

Würden Sie anderen zum Börsenhandel raten?

Wenn ich von jemandem entsprechend gefragt werde, stelle ich zunächst die Gegenfrage nach den Zielen dieser Person. Wenn ich dann die Antwort bekomme, dass man aus 1.000 Euro innerhalb eines Jahres eine Million machen wolle, rate ich stets davon ab, da das Ganze nichts mit seriösem Trading zu tun hat, sondern vielmehr mit Zocken. Jenen aber, die antworten, dass sie mit einem kleinen Konto starten möchten, sich wissen aneignen und es mit Leidenschaft tun wollen, denen rate ich nicht davon ab.

Gibt es auch andere Strategien, die Sie empfehlen können?

Es gibt natürlich verschiedene Strategien, die es einem Händler ermöglichen, profitabel zu handeln. Jeder muss eben die Strategie finden, die am besten zu einem passt. Empfehlen würde ich nur Strategien, die an ein gesundes Risiko- und Moneymanagement gekoppelt sind und einen positiven Erwartungswert aufweisen.

Was würden Sie einem Anfänger zu Beginn raten?

Zunächst einmal würde ich dazu raten, ein Demokonto zu eröffnen und so zu testen, ob das Trading wirklich etwas für einen ist. Seminare und Webinare sind in jedem Fall eine wichtige Einstiegshilfe, denn ohne professionellen Beistand dauert es meistens sehr lange, bis der Neuling echte Fortschritte macht. Wenn man dann wirklich soweit ist, dass man (unter Berücksichtigung von Risiko- und Moneymanagement) dauerhaft Gewinne erzielt, kann man ein erstes Livekonto eröffnen, natürlich erst einmal mit einem kleinen Betrag.

Warum bieten viele der professionellen Händler Seminare und Webinare an?

Böse Zungen behaupten, dass diese Händler nicht allein vom Börsenhandel leben können. Für einige mag das zutreffen, viele sehnen sich aber auch nach sozialen Kontakten, da man leicht vereinsamen kann, wenn man so viel Zeit alleine vor dem Bildschirm verbringt. Man muss nicht zwingend vom Trading leben können, um Profi zu sein. Die Bezeichnung "Profi" würde ich eher mit dem Begriff "Meister seines Faches" gleichsetzen.

Wie kamen Sie dazu, ein Buch zu schreiben?

Eigentlich hatte ich nie vor, ein Buch zu schreiben. Meinen Handel hatte ich aber bereits über viele Jahre hinweg gut dokumentiert. Als mich dann ein Freund ansprach und mir einen entsprechenden Vorschlag machte, verfestigte sich die Idee einer Veröffentlichung meiner persönlichen Konzepte nach und nach. Ich würde diese Publikation auch nicht als klassisches Buch bezeichnen, sondern eher als Leitfaden für Neulinge ohne Konzept.

Wie gehen Sie mit Verlusten um?

Verluste gehören zum täglichen Geschäft dazu. Im Grunde genommen sind Verluste nichts anderes als Betriebskosten, wie sie jedes Unternehmen hat. Durch mein Risiko- und Moneymanagement habe ich ein Instrument, diese Verluste sehr gering zu halten. Nicht selten muss man als Trader längere Verlustserien hinnehmen: den bereits genannten Drawdown. In solchen Phasen ist es sehr wichtig, das prozentuale Risiko runterzufahren und seinem System wirklich treu zu bleiben.

Wie viel Kapital benötigt man, um von Trading dauerhaft zu leben?

Das hängt natürlich von der durchschnittlichen Performance sowie vom Lebensstandard ab. Wenn man von einer durchschnittlichen Performance von 20 Prozent p.a. ausgeht, sollte die Kontogröße mindestens 250.000 Euro betragen. Selbstverständlich ist zu beachten, dass Steuern und andere Kosten vom Gewinn noch abgezogen werden müssen.

Was ist Ihrer Meinung nach der größte Fehler, der von Anfängern oft begangen wird?

Die Konten von Anfängern sind häufig massiv überhebelt, resultierend aus einer geringen Kapitaldecke. Läuft es dann erst einmal gegen sie, wird die gewählte Strategie oft über den Haufen geworfen und nur noch emotional gehandelt, um die Verluste wieder reinzuholen. Hinzu kommt, dass Neulinge häufig noch nicht die nötige Geduld entwickelt haben. Sie fahren daher ihre Positionsgrößen hoch, was dann nicht selten im Totalverlust endet.

Mache immer das Gleiche, aber das Gleiche immer etwas besser.

Amin Tirmizi

Besuchen Sie meine Seite www.3t-system.de
Strategien für Aktien, Forex, Futures und CFDs

ein Partner von 3t-system:
www.idio10.net
Lektorat / Korrektorat
Werbliches Schreiben
Social Media Marketing
Suchmaschinenpoptimierung
Wordpress

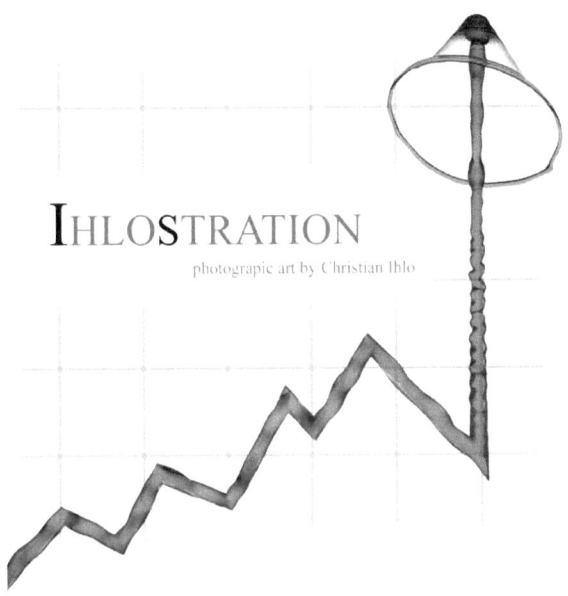

Ihlostration
photographic art by Christian Ihlo

Verschönern Sie Ihre Geschäftsräume mit Fotos der besonderen Art. Wählen Sie aus unserem Portfolio Ihre Lieblingsmotive. Wassertropfenfotografie, ruhig bis dynamisch. Auf Anfrage produzieren wir für Sie ein individuelles Einzelstück Ihrer Wahl, bei dem Sie Motiv und Farben bestimmen.

- www.Ihlostration.com -